导游语言技巧与服务艺术探究

郑娜　著

北　京
冶　金　工　业　出　版　社
2022

内容提要

导游讲解是一种特殊的语言类型表述，导游运用自身具备的语言艺术特征为游客介绍景观，不同景观具有不同的特点，为此需要导游具备不同的语言技巧。导游语言是一种特殊的职业语言，是导游在旅游服务中与游客交流沟通的重要工具。本书从提升导游对游客服务满意度、提升导游自身综合素质的角度探讨导游的语言技巧与服务艺术，从而提高服务水平和质量。

本书角度新颖，内容联系实际，可供广大旅游从业人员阅读和参考。

图书在版编目(CIP)数据

导游语言技巧与服务艺术探究／郑娜著．—北京：冶金工业出版社，2020.7（2022.5 重印）

ISBN 978-7-5024-8558-0

Ⅰ.①导…　Ⅱ.①郑…　Ⅲ.①导游—语言艺术　②导游—旅游服务　Ⅳ.①F590.63

中国版本图书馆 CIP 数据核字(2020)第 108223 号

导游语言技巧与服务艺术探究

出版发行　冶金工业出版社　　**电　　话**　(010)64027926
地　　址　北京市东城区嵩祝院北巷 39 号　　**邮　　编**　100009
网　　址　www.mip1953.com　　**电子信箱**　service@mip1953.com

责任编辑　俞跃春　王　颖　杜婷婷　美术编辑　郑小利　彭子赫
版式设计　禹　蕊　责任校对　卿文春　责任印制　禹　蕊
北京建宏印刷有限公司印刷
2020 年 7 月第 1 版，2022 年 5 月第 2 次印刷
710mm×1000mm　1/16；9.25 印张；182 千字；140 页
定价 79.00 元

投稿电话　(010)64027932　投稿信箱　tougao@cnmip.com.cn
营销中心电话　(010)64044283
冶金工业出版社天猫旗舰店　yjgycbs.tmall.com
(本书如有印装质量问题，本社营销中心负责退换)

前　言

导游员根据游客的不同情况，运用导游语言的各种技巧，使导游内容生动活泼而又富有魅力。导游服务的工作质量不仅取决于导游员的思想和知识，还取决于导游员个人的语言表达艺术和讲解技巧。在导游讲解过程中，是否运用导游的艺术语言，使用恰当有效的技巧及方法，并做到“运用而用无形”，是做好导游讲解工作的关键所在。

基于此，作者撰写了本书。全书共分为七章，第一章围绕导游语言的认知与艺术技巧、导游服务的性质及相关理论以及导游服务的发展趋势展开探讨。第二章分析导游讲解语言及技巧，内容包括导游讲解语言的特点与要求、导游讲解语言的运用与变化规律以及导游讲解语言的语音与修辞技巧。第三章是导游交际语言及其态势语言，内容涉及导游交际语言风格养成训练、导游交际与态势语言的运用技巧以及导游态势语言在语言交际中的辅助作用与原则。第四章论述了导游服务的主客体及体系规范，内容包括导游服务的主体与客体、导游服务体系与服务规范以及导游服务质量评价指标体系构建。第五章基于导游带团及语言艺术视角，论述导游带团的心理技巧、多种关系处理技巧、与游客建立信任的要素分析以及导游带团及语言艺术。第六章研究了互联网时代下的导游服务模式，内容包括导游服务模式与规律性、“网约”导游服务模式现状及服务创新发展以及互联网新形势下我国“网约”导游新模式。第七章突出实践性，分别从导游服务中食、住、行、接待技巧、突发事件的处理、不同客源地及特殊团队游客四个方面研究了导游服务案例实践。

本书内容丰富、结构清晰、客观实用、通俗易懂，对导游语言技巧与服务艺术的相关内容进行详细论述，使读者能够从理论上获得指导，在实践论述的基础上具备可操作性。

作者在撰写本书的过程中，得到了许多专家学者的帮助和指导，在此表示诚挚的谢意。

由于作者水平有限，书中所涉及的内容难免有不妥之处，希望读者多提宝贵意见，以便作者进一步修改，使之更加完善。

湖北汽车工业学院　郑娜

2020年2月

目　录

第一章　绪　　论

语言是人类沟通信息、表达和交流思想感情以达到相互了解的一种重要手段，是人类最重要的交际工具。本章重点围绕导游语言的认知、导游语言艺术的技巧分析、导游服务的性质及相关理论以及导游服务的发展趋势展开论述。

第一节　导游语言的认知

一、导游语言的概念

导游语言不是一种固定的语种，它是应用在导游行业工作中的符号体系的总称。导游语言包括的符号种类非常广泛，小到导游的一个表情，一丝目光，大到肢体动作，再或者一张美丽的图片，一段生动的影像，一种动听的声音等。导游语言的符号体系不能徒有其表，必须有明确的意义。其意义之所在就是传达信息，知识、态度、情感都可以作为传达的信息内容，知识的传达就好比导游对景点的讲解，态度的传达就好比在导游过程中对某件事情或历史的探讨，情感的传达就好比导游员接待游客时的温暖笑容。

导游语言并非简单地将信息传递出去就可以了，合格的导游语言应该能够激发接收对象的反应，这些反馈又能够促使新的导游语言产生。因此，导游语言是一种持续不断的双边互动过程，有时甚至在旅游者的旅游活动结束之后仍未停止，这种互动过程并非一定表现为具体的行为或言辞，也可以表现为思想、情感和心理上的变化。导游员的讲解可以让游客获得新的知识，游客由于获得了新的知识而获得了身心的愉悦，对导游员大加赞扬，接下来产生了更高的要求。游客的这些赞扬和要求又会驱使导游员进一步改进导游语言。

二、导游语言的分类

在旅游活动过程中，导游语言几乎是无处不在的。在实践工作中，导游语言可以从不同的角度划分为许多不同的种类。

（一）从导游语言的主体角度进行划分

导游语言的主体就是指由谁来运用这些导游语言。导游语言的运用者通常就是导游员，但有时旅游企业和旅游行政管理部门也会运用一些导游语言。即使在导游员中，由于业务范围的差异，不同的导游员所运用的导游语言也表现出不同的特点。

（1）领队和全陪导游语言。领队和全陪导游语言是指领队和全陪所使用的导游语言，它以风格亲切、感情充沛和意思明确为主要特征。领队和全陪的业务范围、工作职责和工作内容有一定的相似性，主要是以旅行生活服务为工作范围。在导游员的群体中，领队和全陪与游客相处时间最长，接触面最广，交流程度最深。相比其他导游员和旅游接待服务人员来说，游客更信任和依赖领队和全陪。因此，领队和全陪导游语言以提供生活方面的帮助为主，风格比较亲切，注重与游客间的感情培养。领队和全陪担负着将旅游者组织起来的重任，因此领队和全陪导游语言在内容上尽量明确和清晰，避免使游客产生误解和怀疑，促进树立领队和全陪在旅游团中的领导地位。❶

（2）地陪导游语言。地陪所运用的导游语言就是地陪导游语言。地陪导游语言具有丰富、多变的主要特征。地陪虽然与旅游者的接触时间远远短于领队和全陪，但地陪是导游讲解任务的主要承担者，是旅游企业旅游接待计划的具体执行者，是各项导游服务的主要操作者。出于以上考虑，地陪导游语言要信息丰富、形式多变。地陪在讲解时要善于把握游客情绪，用大量的知识来详细介绍旅游景点，将各种巧妙的讲解方法融入工作之中，适用于不同类型的旅游者群体，同时不要过于明确、细微，而应该留给游客广阔的遐想空间。地陪在与游客交流时要开朗、随和，能够迅速与游客建立伙伴关系，尽快融入游客群体中去。地陪在处理人际关系时要考虑全面、周到，通过观察细心揣摩对方心理活动，想对方之所想，思对方之所思，在对方提出要求之前就安排好一切，让对方能够且乐意与导游员开展合作。这些都是地陪导游语言应该注意的方面。

（3）景点（景区）导游语言。景点导游语言是景点导游员在工作时使用的导游语言。它的主要特征是主题鲜明、结构稳定。定点导游员的工作内容相对比较单一，主要是在纪念馆、博物馆等固定景区景点内为游客讲解各种景物。景观事物的摆放必须以相关内容为中心，可能是某种象征意义的暗示，也可能有利于某个领域的研讨，还可能有关某专业范畴等的合理安排。游客在定点导游语言的指引下，想象更深广，思维素养更乐观向上，主题了解更全面。

（4）旅游业者导游语言。旅游业者是旅游经营企业（如旅行社）和旅游行政

❶ 王新军．领队业务 [M]. 北京：旅游教育出版社，2001.

管理部门（如旅游局）的统称，它们所使用的导游语言就是旅游业者导游语言，它具有形式多样、变化频繁和吸引力强等主要特征。

旅游者所接受到的导游服务主要是由导游员提供的，但在某些时候，旅游企业也会为旅游者的旅游提供一定的协助，比如向旅游者提供咨询服务、宣传旅游线路、推荐旅游商品等。此外，旅游行政管理部门也能够间接帮助旅游者实现旅游需求，比如处理旅游者的投诉、制作散发旅游宣传资料、组织召开旅游交易会、开发旅游辅助设施（路标、地图、景点名称牌）等。从某种意义上说，旅游企业和旅游行政管理部门的这些行为也是为旅游者提供的一种导游服务，其行为中已经包含了一些导游语言。

旅游业者导游语言与导游员的导游语言不同，其主要目的一般并不是让旅游者获得旅游活动的实际享受，而是吸引、促进旅游者开展旅游活动，因此它具有口头表达、文字作品、音像资料和物品等多种形式，而且经常处于更新变化之中，对广大旅游者或者目标旅游者群体有很强的吸引力。

（二）从导游语言的载体角度进行划分

导游语言以何种途径或以何种形式传递信息就是导游语言的载体。从导游语言的载体角度可以将导游语言主要划分为以下四种类型：

（1）书面导游语言。书面导游语言也就是导游词，它是以书面文字形式来传递信息的导游语言。它常以说明文和散文的文学体裁表现出来。

第一，书面导游语言是一种基础性的导游语言，它所包含的主要信息可以通过导游员的口头表达转化为口头导游语言，部分不适合口头表达或以口头表达效果不佳的信息可以通过导游员的态势动作转化为导游态势语言。此外，书面导游语言还可以借助各种科技手段转化为物化导游语言。

第二，书面导游语言也是一种普遍性的导游语言，它对于绝大多数旅游者都是适用的。即使没有导游员，旅游者也可以通过阅读和体会来获取书面导游语言的信息。

第三，书面导游语言还是一种广泛性的导游语言，可以应用到旅游者旅游活动的所有方面。旅游者在旅游活动开始之前可以通过阅读书籍材料产生旅游动机，选择旅游目标；旅游者到达旅游目的地后可以看到旅游地的欢迎标志；旅游者在旅游过程中可以借助旅游景点的说明词和旅游书籍上的介绍词了解旅游景点的主要情况；旅游者在结束旅游活动后还可以通过重新翻阅有关书籍回味旅游景观之美。导游员向旅游者所致的欢迎词、欢送词和讲解服务也是依据书面的讲解底稿来开展的。

（2）口头导游语言。大多数导游员的导游服务都是通过口头表达和听觉感应来实现的，这就是口头导游语言，也就是狭义上的导游语言。口头导游语言表达非常形象和生动，是旅游者最喜闻乐见的一种导游语言。口头导游语言可以充分发挥导游员的主观能动性，有利于增强导游服务的吸引力。但由于受到使用者自身素质的限制，它在使用时也有可能产生适得其反的效果。

导游员是运用口头导游语言的主要人员，其他一些人员也同样可以使用口头导游语言。旅游车（船）的驾驶员有时会协助导游员来向游客说明情况和回答问题，旅游景区（景点）的工作人员有时会提醒游客注意安全和指示路线，他们也是口头导游语言的运用者之一。

（3）导游态势语言。除了以口头导游语言来提供导游服务以外，导游员也可以通过动作和姿势来传递导游信息，这就是导游态势语言。导游态势语言是导游员的专用工作语言，只会出现在导游员与游客的双边交流过程之中。导游态势语言的展现途径多种多样，可以通过导游员的服装修饰来展现，也可以通过导游员的表情目光来展现，还可以通过导游员的形体动作来展现，另外还可以通过导游员与游客之间所处的方位来展现。

（4）物化导游语言。在许多旅游地，旅游者经常会看到或听到旅游企业或旅游行政管理部门制作的各种音像材料。这些以各种物品为载体的导游语言就是物化导游语言。顾名思义，物化导游语言是与人的行为相对立的导游语言。它通常表现为各种图片、声音、图像等。不过物化导游语言仍然不可能绝对脱离人的行为，它的产生仍然要依靠人来制作和应用，它的效果也要靠人来评价和修改。

（三）从导游语言的功能角度进行划分

导游语言的功能指的是导游语言所运用的场合和所要达到的效果。从这个角度出发，导游员所运用的导游语言可以区分为导游讲解语言和导游交际语言两种主要类型。

（1）导游讲解语言。可以贴切地传递景观的自然特色、历史文化等知识的导游语言就是导游讲解语言，其运用在讲解阶段。导游员在带领游客前往旅游目的地的路上，用导游讲解语言向游客讲述相关的风土人情、传说故事等，使旅途变得丰富多彩，带给游客愉快的好心情。讲解服务不仅是游客感受最深的服务，也是判断导游服务好坏的重要依据。因此，导游讲解语言可以说是最为重要的一类导游语言。

（2）导游交际语言。导游员经常要同游客开展交流，协调人际关系，这时就会使用到导游交际语言。导游交际语言普遍分布于导游服务的整个过程之中，目的是与游客之间建立正常、融洽的客导关系，帮助游客解决困难和增进相互间的感情。在日常的导游服务过程中，非定点导游员使用导游交际语言的概率要比定点导游员大很多，特别是对旅游团的领导者和全程陪同的人员而言，几乎所有讲过的内容都可以归属到导游交际语言的范畴之中。

（四）从导游语言的客体角度进行划分

导游语言是一种交流工具，那么除了发出交流信息的主体——导游员以外，必然还存在交流的对象，也就是导游语言的客体。根据客体的不同，导游语言可以分为内宾导游语言、外宾导游语言和协作导游语言。

（1）内宾导游语言。旅游者群体根据客源国的不同，可以划分为：国内游客和国外游客，国内游客通常称为内宾。导游员对内宾所使用的导游语言就是内宾导游语言。内宾与导游员是同胞，在文化思想、价值观念、审美角度和生活方式等方面有很多相同或相近之处，因此内宾导游语言简单易懂，能够很快让游客接受并发挥效果。我国导游员在使用内宾导游语言时，一般都依据我国汉语语法和东方文化习惯来表达，无论是讲解内容、语气语调，还是着装打扮、行为举止，都符合中国人的观念，体现中华文化的特色。

（2）外宾导游语言。导游员对来自本国以外的游客所使用的导游语言是外宾导游语言。针对来我国旅游的游客国籍和地区的不同，具体又可以分为欧美外宾导游语言、伊斯兰外宾导游语言和华侨华裔外宾导游语言等，其中又包含了许多更小的外宾导游语言种类。

不同国家和地区的游客由于受到不同地域文化的熏陶，在文化、心理、语种和生活习性等方面存在着很大差异，因此外宾导游语言没有一定之规，需要具体问题具体分析，在运用时要注意的方面也有所不同。

（3）协作导游语言。除了对游客使用导游语言之外，导游员很多时候需要同协作伙伴开展交流，这就需要运用协作导游语言。导游员的协作伙伴有其他导游人员、旅游车（船）的驾驶员、旅游饭店（宾馆）的服务员、旅游餐馆的服务员、旅游景区（景点）的工作人员等，其中绝大多数为本国人，因而协作导游语言在语法、语音等方面都与内宾导游语言一致。

导游员与协作伙伴之间是一种工作上的协作关系，不同于导游员与游客之间的服务与被服务关系，故而协作导游语言带有一定的强制性，情感色彩较弱，这些是与内宾导游语言有别的方面。

以上是三种最主要的导游语言划分方法，其中尤以从载体角度和从功能角度划分的导游语言种类最具代表性和实用性，所以在本书中将主要阐述从这两种角度来划分的导游语言，也就是书面导游语言、导游态势语言、物化导游语言和导游讲解语言、导游交际语言。

三、导游语言的特性

导游语言的表达时空跨度大、场合多变、内容丰富、对象复杂，因而形成了导游语言自身的特性。

（1）准确性。植根客观事实，导游语言的准确性致力于准确体现真实事实。它的选词、遣意、组句、事实叙述必须遵循真实事实。

（2）逻辑性。导游语言必须让游客听得清楚、顺畅。因此，在思维上，它依照一定的规律，不仅要条理通顺，而且还要有很强的逻辑性。在内容表述上，导游员依照“清楚原则”和思维逻辑，分清讲解内容的主次，在介绍时依次而进。

（3）生动性。用生动的语言、自然的表情等导游语言向游客传递信息，游客和导游员达成共识。

（4）美感性。导游语言表达不同于其他的语言表达，它用美丽的字词刻画景物，用流水般的语句叙述事实，有疑问却不唐突，体贴地拉近距离，更不乏画龙点睛之用。因此，导游语言一定要具有美感性。导游人员不仅要发现美、欣赏美，而且要善于表达美，让旅游者获得美的享受。

（5）灵活性。导游语言并不是一成不变的。游客不同的个体情况、不同的旅游主题、时间因素、天气因素等都会影响导游语言表达，导游员要见机行事，确定讲解主题，具体到讲些什么，讲到怎样的知识层次，用多大的声音来讲，用什么讲解方法等。

第二节 导游语言艺术的技巧分析

人类最伟大的创造就是语言。语言似桥梁，不同国家、不同民族的人互相学习语言，从而互通有无，交流知识。导游语言可以生动描述人类的智慧、自然的鬼斧神工，还能使游客获知、解疑、愉悦身心。因此，导游员必须像艺术家一样，准确运用修辞修饰讲解词，使讲解达到引人入胜的效果。

为了满足不同导游活动的要求，导游语言形成了艺术性的语言技巧，主要有以下几种：

（1）语言浅显易懂。游客主要通过导游员的讲解获取信息，而时刻处于进行时的讲解留给游客的思考时间稍纵即逝。因此，导游员在讲解时要利用口语“有声性”，多采用浅显易懂的口语化语言，做到讲解词明白如话。

（2）内容表达要条理分明、精准明确。导游语言具有规范性和科学性，主要表现为严谨清晰的讲解。同时，知识散播和信息完整的关键基础也是严谨清晰的讲解。讲解词务必遵循实际情况，满足以虚率实、义正词严、合情合理的要求，坚决不能主观臆断、金玉其表、败絮其中。导游员要以严谨的心态、确凿的内容、精准的数值和词语组织讲解词。想要精确表达内容，就必须做到用词合理、条理分明。

（3）美感的表达要鲜活有力、生动传神。成功的旅游活动除了导游员的精彩讲解，还有游客的积极参与。如何使游客从始至终身心愉悦、兴趣盎然成为关键。优秀的导游员会首先确保讲解词准确无误、积极向上，再巧妙运用对比、夸张、比喻、比拟等修辞技巧进行修饰，然后向游客绘声绘色地讲述神话传说、奇闻逸事、名人故事、自然景物等，从而使游客从内而外得到美的享受。

（4）诱发游客好奇心，营造氛围。在讲解过程中，导游员故设谜团，步步递进，别出心裁地遣词造句，巧用停顿，营造一种生动有趣、扑朔迷离的氛围，以诱发游客的好奇心。

（5）语言氛围诙谐幽默、轻松自然。导游员是旅程氛围的引导者，他们在讲解或交流时合理使用诙谐的语言，制造一些轻松自然又不失快乐的沟通氛围，使游客放松心情，享受精神层面的快乐。

第三节　导游服务的性质及相关理论

一、导游服务的性质

导游服务通常都发生在特定的国度里，因此，它总是与特定国家的社会制度、意识形态和传统的民族文化相联系。从这个意义上说，导游服务必须服从和服务于本国的政治、经济和文化，这是造成世界各国导游服务差异的根本原因。然而，现代旅游早已跨越了国界，已经成为全人类的一种社会活动，必须从世界的范畴探讨导游服务的性质，以适应导游服务的国际化趋势。

从世界各国导游服务的形式与内容看，导游服务的性质除了其自身的服务性以外，主要表现在以下几方面：[1]

（1）服务性。导游工作首先是一种服务，它与第三产业的其他服务一样，属非生产性劳动，是一种通过提供一定的劳务活动（如导游讲解或翻译、旅行生活服务等）来满足旅游者旅行、游览的需要。但导游服务不同于其他服务，导游员需要有丰富的专业知识、良好的口才、强烈的服务意识、各种文体活动的组织能力、独立处理突发事件的能力等。因此，导游工作综合了多项工作所必需的知识和技能，是脑力与体力相结合的复杂工作。

（2）社会性。现代旅游已不再是少数有钱人的专利，而是广大民众普遍参加的一种大众化活动，是社会的一种普遍现象。作为代表本国或本地区承担游客接待任务的导游人员，在这一活动中始终处于“主导”地位，是大众旅游的组织者和引导者，被人们誉为旅游业的灵魂，这是导游服务社会性的一个方面。另外，

---

[1] 唐由庆．导游服务艺术[M]．上海：格致出版社，上海人民出版社，2012．

导游服务也是一种颇受青睐的社会职业，许多从业人员为此奋斗了一生，为社会做出了应有的贡献。

（3）经济性。导游服务的职业化决定了导游从业人员是以提供有偿服务来实现劳动价值，从而获得正当的经济收入。在市场经济条件下，导游人员的劳动通过交换来实现其价值，旅游市场上的价格就是这种价值的直接表现。从国家和地区的角度，通过导游服务可以直接创收外汇、回笼货币、积累资金。不仅如此，还能通过导游人员提供优质服务，招徕回头客，扩大客源，宣传旅游商品，促进人们参与经济交流等手段，间接增加本国和本地区的收入。在发展中国家，导游服务的这种经济性功能成为政府高度重视旅游业的直接动因。

（4）文化性。现代旅游实质上是一种大规模的文化交流活动，导游人员实际上是文化传播的使者。他们要传播一个国家和地区的民情风俗及历史文化，展示一个国家和地区的现代文明和自然风光，给游客以知识、乐趣和美的享受，同时还吸收各国、各民族的传统文化和现代文明，并有意无意地传播着异国文化。为此，任何一个国家和地区对导游人员的文化修养和知识结构要求都比较高。

（5）涉外性。加大宣传和招徕力度，积极拓展国际旅游市场，是世界各国政府发展本国旅游业所采取的一种基本战略。国际旅游包括入境旅游和出境旅游。入境旅游，旅行社主要提供接待式的导游服务；出境旅游，旅行社主要提供陪同式的导游服务，都具有明显的涉外性质。旅游活动是当今世界规模最大的民间外交活动之一。通过旅游活动，促进国家之间、地区之间、民族和民众之间的交往与了解，消除误解，增进友谊。在游客心目中，导游人员是一个国家和地区的代表，是人民的友好使者，是理想的“民间大使”。❶

二、导游服务的相关理论

（一）导游服务的三大特性

旅游行业的服务项目中，导游服务最有代表性。它不同于旅游行业的其他服务，其具有多种自身特性，主要包括以下几点：

1. 职责明确性

导游服务具有很明显的职责明确性。按照工作内容，导游人员的职责有很明确的划分：出境旅游中，团队的领头羊是领队；全权负责其所在旅游团的活动安排，活动主干就是全程陪同，简称“全陪”。依照旅游团的行程安排，当地活动的执行者就是地方陪同，简称“地陪”。无论是领队、全陪还是地陪，他们在导

❶ 王健民.一本书搞定出境旅游[M].北京：旅游教育出版社，2006.

游服务中都要独立地宣传、执行国家政策，独立地依据团队旅游接待计划组织和带领游客参观游览，独立地进行导游讲解，完成所承担的服务工作；在旅游团（者）出现问题时，导游人员还要独立地、合情合理地进行处理。这就要求导游人员必须具备果断、冷静、自控和敢于承担责任的基本素质。

2. 跨文化性

现代旅游是一种包括文化、经济、政治内容在内的，跨越国家与地区、民族、性别与职业的综合性活动。世界各国、各地区、各民族之间的文化传统、风俗民情、禁忌习惯不同，游客的思维方式、价值观念、思想意识差异也很大，现代旅游实际上是一种跨文化的交流活动。所以，导游人员一定要学会理解文化差异，适应旅游活动的跨文化性，选择服务对象最能够理解和接受的表达方式，以取得理想的服务效果。

3. 复杂多变性

导游人员接待的游客，来自不同的国家和地区，民族的信仰不同，性别、爱好、年龄和职业也不同，而且他们还要不断地由一个旅游目的地向另一个旅游目的地转移，需要沿途各供给部门的配合与协调，空间覆盖面大，工作关联度高，这就使导游服务从对象到内容都非常复杂，情况多变，导游人员稍有疏忽，就可能造成难以挽回的影响和损失。因此，导游人员一定要有强烈的事业心和责任感，要有很强的组织协调和公关能力。

（二）导游服务的基本原则

1.“让游客满意”原则

进入服务时代后，服务是否有效、游客对旅游是否满意直接决定着导游服务是否合格，导游人员的工作是否做到位。游客的得失是导游人员工作的中心，“让游客满意”是导游服务需要遵守的基本规定。

“让游客满意”就是要在价值取向上从“以企业为中心”转变为“以游客为中心”。在这个服务时代，出现的标志是消费者的极度成熟，即消费者已经从最早追求能够维持最低生活需要，再经过对数量、品质、口味的追求，发展到今天的“心的满足与充实感”。

在全力以赴“让游客满意”的行业环境下，导游人员必须坚持“宾客至上”的思想，真心实意地服务游客，做到“零缺点”服务。“零缺点”的提出者是20世纪60年代的美国克劳斯比先生。企业产品中的残次品不仅浪费资源，还让顾客怨声满道。所以，企业务必以“零缺点”的标准把控产品质量。导游人员要保证服务质量，做到“让游客满意”，同样必须以“零缺点”为目标。

由于个体条件和环境的限制，游客有着不同的导游服务消费动机和需要。为了达到“让游客满意”，导游人员需要根据游客实际情况，在服务方面不断推陈出新。为此导游服务必须与时俱进，不断创新，与游客的需求变化俱进。导游服务发生在变化之中，没有创新的导游服务，就谈不上服务质量。

2.“合理而可能”原则

导游人员面对各种服务中产生的疑问时，或者为游客提供针对性服务时，都必须遵循“合理而可能”原则。

所谓“合理”就是以国家的法律法规以及旅游行业的行规和合同为前提。所谓“可能”就是是否具备满足游客要求的现实条件，这种现实条件是指经过导游人员努力以后所能达到的条件。导游人员不经过努力，游客的要求一提出就做出“不可能”的主观判断，是对游客不负责任的做法。

“求全”是游客外出旅游的普遍心理现象，在旅游过程中游客往往把旅游活动理想化，并以此为基础提出种种意见、建议和要求，有的甚至提出一些超越计划安排的不合理要求。面对游客的各种要求，哪怕是“苛求”，导游人员都要认真倾听，做到冷静、理智。本着“合理而可能”的原则，积极慎重地处理好游客的每一项意见、建议和要求，对“合理而可能”的要求要尽可能予以满足，对“不合理而可能”的要求要耐心解释，说明原委，使游客能够理解；对“合理而不可能”的要求要努力争取，尽力把不可能变成可能，让游客满意；对“不合理又不可能”的要求也要做耐心解释。

在导游服务实践中，导游人员对“不合理而可能”和“不合理不可能”要求的处理，游客一般都能理解和接受，因为毕竟绝大多数的游客都是通情达理的。而对“合理而不可能”要求的处理最能考验导游人员对游客的热忱与责任，优秀导游员、合格导游员与不合格导游员在这些问题的处理上差异非常明显。

3. 规范化服务与个性化服务相结合原则

规范化服务也叫标准化服务，是指从事某项服务（工作）的人员必须在规定的时间内，按照国家和行业主管部门制定并发布的统一标准进行服务（工作）。规范化的导游服务是衡量导游质量的基本依据，也是导游服务质量的基本保证。

导游服务要以旅游合同或约定为依据。按照旅行社业务规范要求，游客向旅行社购买了旅游产品后，双方都要签订旅游合同，散客可以采取约定的形式，然后组团社依据合同或约定的内容向领队和地方接待社下达旅游接待计划。可见，旅游合同（约定）是组团社对游客的一种具有法律约束力的服务承诺。旅游接待计划是旅行社这种承诺的具体化，是实施承诺的行动方案。接待计划既是组团社和地方接待社之间业务往来的契约性文件，也是地陪安排旅游团（者）在当地活动日程的文字依据和接待服务结束后向组团社结算的凭证。旅游接待计划是旅游合同的具体化，对地方接待社来说，它具有与旅游合同同等重要的意义。旅游合同是旅游行政管理部门为规范旅游市场所采取的一项重要举措，是旅行社向游客提供导游服务的一项最基本的要求。由此可见，执行旅游合同是导游人员规范服务的前提和基础。

导游服务要执行国家和行业服务标准。1995 年 12 月，国家技术监督局发布了《导游服务质量》，这是中华人民共和国导游服务的国家标准。2013 年 3 月，国家旅游局又发布了《旅行社国内旅游服务质量要求》，这是我国导游服务的行业标准。这两个标准对导游的服务行为进行了具体规范，具有权威性和强制性。国家旅游局在《旅行社管理条例实施细则》中明确提出："旅行社应当为游客提供约定的各项服务，所提供的服务不得低于国家标准或行业标准。"这两个标准把国际上导游服务的通行做法与我国的导游服务具体实际相结合，充分吸收了旅游行政管理和国内各主要旅游企业多年来对导游服务质量的管理经验，对全陪和地陪的接待流程、服务内容、顺序和标准进行统一规范，并提出了质量要求。因此，它是导游人员向游客提供导游服务的指南，也是旅游投诉处理的行政依据、检验导游人员的基础标准。这两个标准只有被导游人员真正运用到实际工作中，才能保证做到旅游合同中旅行社的许诺，更好地维系导游人员和游客的联系。同时，面对复杂的旅游消费行业，游客对旅行社和导游人员也会产生稳定的信任度。导游服务的对象千差万别，这就决定了导游人员在规范化服务的基础上必须提供个性化服务。不管是为了满足两个标准的规定，还是基于旅游服务合同内容，游客提出不违背常理的需要时，导游人员都需要为其提供特定服务。只有把规范化服务和个性化服务相结合，才能满足游客的需求，提供优质的导游服务。首先，旅游接待计划和活动安排要有针对性。导游人员在拟定接待计划和活动安排时，事先一定要认真研究接待对象的具体情况，如游客的文化程度、生活习俗、兴趣爱好、性别、年龄、职业、出游动机等，在分析他们的共同特点和个别差异的基础上，有针对性地拟定旅游接待计划和活动安排；其次，导游服务的具体行为要有针对性。旅游接待计划和活动安排的针对性一般只能考虑和满足团队中大多数游客的需要，不可能考虑和满足团队中的每一个人。因此，导游人员要善于在接待规格不变的条件下，根据每个游客的不同兴趣和爱好以及自然环境条件的变化，提供多种模式、多种方式、多种内容、多种便利的服务。

4. 社会效益和经济效益相统一原则

导游人员给游客提供的是有价但却无形的服务产品，它是经过导游人员的"表演"而形成的，具有生产和消费的同步性。现代企业特别是服务企业必须以追求社会效益作为最高目标，没有社会效益，在一个供大于求的社会环境中企业的经济效益根本无从谈起。导游服务是一种文化传播活动，直接服务于游客，作为"民间大使"的导游人员必须把社会效益放在首位，把追求社会效益和经济效益的统一作为基本原则。

（三）导游服务质量分析

1. 导游服务质量的内涵

旅游合同的履行度、国家和行业标准的遵守度、游客对导游人员服务的满意度，三者深度统一相加，三位一体指的就是导游服务质量。衡量导游服务质量的好坏，需要看其是否以游客得失为工作重心，是否遵守旅游合同、国家与行业标准，是否满足游客的需求。导游服务属于无形产品范畴。导游服务质量涉及食、住、行、游、购、娱各个方面，如交通服务质量、住宿服务质量、餐饮服务质量、参观游览服务质量、购物服务质量、娱乐服务质量等。

人们通常把导游服务的等级和质量联系在一起。其实，随着经济市场化，导游服务质量看待方式呈现多样化。第一，按品质定价，旅行社销售业绩越好的产品，其质量就越高，反之亦然。第二，旅游消费者感觉导游服务质量很好，那么该旅游产品的含金量就高。能让游客全身心感受到“物美价廉”才是高品质的导游服务。导游人员如果做到了服务质量与服务价格的平衡，那么提供给游客的服务就是标准导游服务。价格是质量的依据，质量是价格的保证。然而，按质论价只是一种商品交换的行为，不提倡导游人员在服务过程中与游客计较，而是提倡优质服务、“超值服务”，即通过向游客提供出乎其意料之外的细微服务，以获得游客的好感与赞许，这是导游服务成功的法宝，也是保证导游服务质量的秘诀所在。

2. 导游服务质量的标准

综合国家技术监督局《导游服务质量》和国家旅游局《旅行社国内旅游服务质量要求》提出的要求，导游服务质量标准主要有：体现游客意愿、保障安全、确保履约、安排合理、导游服务到位、正确处理导游服务过程中发生的各种问题与事故、导游人员良好的素质等七个方面。

（1）体现游客意愿。旅行社提供的旅游产品要符合游客的愿望，满足不同消费层次的需要，为游客喜闻乐见，它体现了旅游行业“宾客至上”的服务宗旨。

（2）保障安全。安全是导游服务的第一原则。旅行社向游客提供的旅游产品必须要有安全保障。

（3）确保履约。旅行社必须与游客签订旅游合同，并确保履约，发生意外情况时应有合理对策，以维护游客的权益。

（4）安排合理。旅行社开发的旅游产品要符合游客的消费需求，路线安排要科学合理，并且有一定的系列化程度，以提高旅游效率和旅游质量。

（5）导游服务到位。旅行社应为每辆车上的游客配备至少一名导游人员。导游服务包括全陪服务和地陪服务。全陪服务包括接待准备工作、首站（入境站）接团服务、进住饭店服务、核对和商定日程、各站服务、离站服务、途中服务、末站（离境站）服务和处理遗留问题等。地陪服务包括服务准备工作、游客抵达前的服务安排、入店服务、核对和商定节目安排、参观游览过程中的导游讲解、旅游团就餐、购物服务、文娱节目安排和送站服务。

（6）正确处理导游服务过程中发生的各种问题与事故。如路线或日程变更的处理，游客走失，游客丢失证件、钱物和行李的处理，游客伤病、死亡的处理等。

（7）导游人员良好的素质。导游人员良好的素质是保证导游服务质量的基本条件之一。导游人员的基本素质包括爱国主义意识、政策法规观念、职业道德、组织协调能力、应变能力和仪容仪表等。

3. 导游服务质量提升的途径

导游服务质量对导游人员来说就像生命一样重要。劣质导游服务会极大地破坏游客的旅游心情，严重打压旅游市场蒸蒸日上的势头。事实说明，只有规范化服务与个性化服务双管齐下才能保证导游服务质量。只有把规范化服务与个性化服务有机结合起来，才能实现导游服务质量的优质化。

规范化服务是按照国家和旅游行政管理部门所制定的统一标准，对游客提供导游服务。导游服务标准是游客共同需求的反映，是导游服务实践普遍经验的总结。规范化服务提供的是最低质量服务、最基本的服务质量，而不是优质服务。

首先，顾客可以及时反映对产品的个性化要求，从专业人士那里得到及时、有针对性的服务，从而获得了预期利益的满足或使不合理的预期利益得到纠正，降低购买风险，提高顾客总价值；其次，顾客通过各种信息渠道及时地与产品提供者进行沟通，节省寻找、挑选购买产品时消耗的时间和精力，提高反馈机制的运行；最后，个性化服务可以使生产者与顾客之间建立起学习型、良好的合作伙伴关系，会提高顾客的忠诚度，创造固定顾客。

第四节　导游服务的发展趋势

导游服务的发展趋势主要探讨以下几方面。

一、服务内容的知识化与服务工作的艺术化

（1）知识化。导游内容的高知识化，导游服务是一种知识密集型的服务，在未来社会，人们的修养更高，对知识的更新更加注重，文化旅游、专业旅游、科考旅游的发展将对导游人员提出更高的知识要求。

（2）艺术化。旅游成为人们的一种生活方式，未来人们对旅游会有更高的追求和向往，人们外出旅游不仅仅是为了增加一次在异地的经历，而是追求对美的寻觅和感受。导游工作的更高境界是追求导游的艺术化，它引导旅游者去发现美、感受美、体验美，从而增加旅游者的生活情趣，提高旅游者的生活品位，导游员

应该成为美的使者。如果说画家是靠他的画笔创作出一幅幅充满魅力的艺术作品，那么导游员则是用自己的语言、行为、仪表乃至精神创作出无形的艺术作品，其魅力也是无穷的。总之，未来旅游业的发展需要知识型、学习型、创新型的导游人才，他们应该勤于学习，善于总结经验，乐于开拓创新，这是时代的要求。

二、服务理念人本化与服务手段现代化

（1）服务理念人本化。人本化服务不是空泛的，而是体现在导游服务的每一个细节中。人本化服务理念集中体现在可靠性、功能性、便利性、情感性、稳定性这五个方面。按照这“五性”来剖析导游服务的现状，人们不得不承认导游服务还有不少问题。随着导游服务队伍的不断成熟，人本化服务将会越来越成为导游人员的精神理念，并转化为服务行为。

（2）服务手段现代化。过去，导游人员主要依靠自身的综合素质和所掌握的广博知识，为游客提供旅行游览的全过程服务，这就是通常所讲的人工导游方式。现在，随着科学技术的发展，声像、多媒体、远程网络虚拟导游作为一种新潮越来越受到人们的关注，并在导游服务实践中运用得越来越广泛。现代导游技术手段以全新的传播方式引领游客参观游览。导游人员必须不断学习，努力掌握现代导游技术手段的运用能力，在导游服务实践中做到运用自如，与实地口语导游密切配合，使其相辅相成，让游客产生耳目一新之感。即使是人工导游，也必须借用现代科学技术手段，使导游服务更富有时代的风韵，更具有感染力和吸引力。

三、服务方式多样化与服务内容个性化

（1）服务方式多样化。随着全球“双向旅游”的普遍化，即一个地区既是有吸引力的旅游目的地，又是重要的旅游客源地，旅游活动也越来越多样化，尤其是随着参与性旅游活动的兴起和发展，要求导游人员必须改变导游服务的方式。所谓参与性旅游活动就是在旅游活动中由以导游为主体变为以游客为主体，通过各种竞赛、探险或参加各种节庆或趣味性活动，或与当地居民共同活动、生活，学习方言和各种民间手艺，让游客充分体验旅游活动的乐趣。未来的导游人员无论是综合素质还是服务技能都会有更高的要求，不仅要能说会道、能唱会跳、才艺双全，还要有强壮的体魄和较强的动手能力，学会融入游客之中，善于与游客打成一片，做到导游服务方式的多样化。

（2）服务内容个性化。随着人们收入水平的不断增加和文化素质的提高，团体旅游将会进一步下降，散客旅游会进一步上升，这就意味着个性化导游服务将会逐渐替代规范化服务，即使在团队导游服务中，个性化导游服务也会越来越凸显。与个性化导游服务相联系的是，导游服务的知识含量会越来越高，对导游人

员应变能力的要求也会进一步提高。因为在知识和能力经济时代，人们外出旅游除了消遣、度假、休息之外，将会更加注意利用出游之机吸取旅游目的地的文化精华，提高导游人员的文化修养，拓宽知识面。尤其是文化旅游、专业旅游、科学考察旅游的发展，对导游服务也会提出更高的知识要求。这就要求未来的导游人员不能满足于成为一名“杂家”，还要努力争取成为一名“专家”。

第二章 导游讲解语言及技巧分析

导游讲解语言就是导游人员引导游客、为游客介绍旅游景点时运用的语言技巧，通过导游人员对旅游景点、景观、景物的讲解，让眼前的景物、昔日的厚重和美妙的想象有机融合在一起。本章重点围绕导游讲解语言的特点与要求、导游讲解语言的运用与变化规律以及导游讲解语言的语音与修辞技巧展开论述。

第一节 导游讲解语言的特点与要求

一、导游讲解语言的特点分析

导游讲解语言是指导游员在旅游景区（景点）向游客介绍情况、传播文化、交流思想的一种口头表达语言，它以词汇、语句和语音为构成要素，以流动的声音为表现形式，以知识和情感信息为内涵，以现实旅游者（显性旅游者）为主要接受对象。[1]

导游员的讲解工作从本质上来看，就是导游员在特定的情境之中，借助口头语言艺术，辅以其他必要手段，通过对人文或自然景观进行讲解，以满足旅游者娱乐情趣和求知审美欲望的一种面对面的信息交流活动。导游讲解语言具有以下的主要特点。

（一）导游讲解工作现实性的特点

导游讲解工作是在现实场合中带有强烈实用色彩的导游工作，因而导游讲解语言具有很强的现实性。

1. 导游讲解语言须在旅游景点现场运用

导游语言可以运用的场合很多，可以在旅游景点的现场运用，也可以不在旅游景点运用。旅游者阅读书面导游语言或者接受物化导游语言，不一定都要到旅

---

[1] 赵湘军 . 导游语言技巧与实践 [M]. 长沙：湖南师范大学出版社，2002.

游景点现场才能够实现，可以在家中，也可以在前往旅游景点的途中，还可以在离开旅游景点之后。这时旅游者所获得的这些导游语言的信息，带有一定的虚拟性。导游员的导游交际语言和导游态势语言也可以在旅游景点现场之外的地方使用。然而对于导游讲解语言来说，必须在旅游景点现场才能够使用，脱离开旅游景点就无法使用或者无法产生理想的效果。[1]

人们所说的旅游景点现场并非是指在旅游风景区以内。在往返旅游风景区的沿途中，仍然可以看到很多风景，这些也属于旅游景点现场的范畴，所以导游员在往返旅游风景区的沿途中也要提供导游讲解语言。[2]

2. 导游讲解语言的信源都是现实的人

导游讲解工作是由现实的导游员来开展的，听到导游员讲解内容的对象也是现实的旅游者，这也决定了导游讲解语言带有很强的现实性。

导游工作是一项社会性的工作，游客都来自现实社会，导游员的讲解服务也不能脱离开现实社会。导游员讲解时所使用的语言是由社会现实情况所决定的，所传播的信息内容也是由社会现实情况所决定的，导游讲解方法的安排必须考虑到游客的实际接受能力和理解水平。

3. 导游讲解语言须符合实际工作需要

判断一项工作是否成功必须有一个标准，判断导游讲解语言是否足够优秀也要有一个标准，能否应用到导游员的实际工作中去，或者说是否有利于导游员的工作和游客的参观游览。

导游员在准备导游讲解语言时要提前预测使用效果，设想游客能否听得懂导游员所说的话，能否理解导游员所说的内容，能否产生所期盼的反应，能否跟得上导游员的讲解节奏。在现场使用导游讲解语言时，导游员也要注意变化，根据现场的各种情况调整导游员的语言。在讲解工作结束之后，导游员还要认真总结，改进以后的导游讲解语言，力争使导游讲解工作能够不断进步。

（二）导游讲解工作内容多样化的特点

导游讲解工作的主要内容是与旅游景观有联系的所有信息，这些信息浩瀚繁多，导致导游讲解语言的内容同样繁杂多样。

1. 旅游景观的表象信息

旅游景观的表象信息是指旅游景观在外在形象上的各种信息，这是导游员在讲解景观时首先要向游客介绍的内容。旅游景观的类型多种多样，其表象信息也十分繁多。

---

[1] 牛延超，范保宁 . 导游理论与实务 [M]. 北京：中国旅游出版社，2007.

[2] 石强 . 旅游概论 [M]. 北京：机械工业出版社，2009.

（1）自然景观的表象信息。自然景观的美感主要是由表象信息来展现的，具体可以分为三种美的表象信息：自然景观的形态结构、自然景观的规格范围和自然景观的视觉表象。形态结构是指自然景观的造型模样、地质地貌和生物种群等；规格范围是指自然景观的地理位置、地域范围和高度面积等；视觉表象是指自然景观的色彩光泽、土壤土质和附着物等。

（2）人文景观和社会景观的表象信息除了自然景观之外，人文景观和社会景观也都具备一定量的表象信息，如园林民居的建筑构成、民风习俗的服装饰物等。

在人文景观和社会景观的讲解中，表象信息的内容相对较少，这缘于人文景观和社会景观是以文化内涵为主。但是对于旅游者不太熟悉或难以看清楚的表象信息（如古建筑、文物、工艺品等）则需要导游员来详细描述。

2. 旅游景观的内涵信息

旅游景观的内涵信息是指旅游景观借助外在的表象而具有的知识、情感和思想等文化层面的信息。任何旅游景观都或多或少地具有内涵信息，这些内涵信息是旅游者直接感受不到或者很难直接感受到的信息，必须由导游员来讲解说明。

旅游景观的内涵信息一般包括三种类型：第一，知识内涵是指旅游景观形成或建造所依据的科学规律，如山川河湖的地质成因、生物的发展演变、古建园林的造园艺术和物品器具的使用功能等；第二，情感内涵是指旅游景观在形成或建造过程中融入的能使观赏者产生主观情绪变化的象征意义，如自然景观的传说故事、节庆仪式的典故来源、纪念建筑的建造原因等；第三，思想内涵是指旅游景观所反映的旅游的精神文化。

在旅游过程中，旅游者一般对导游员介绍的景观表象信息不太敏感，主要希望听到的是导游员对其内涵信息的讲解，这是导游讲解语言的重点所在。

3. 旅游景观的从属信息

旅游景观主要包含的信息是表象信息和内涵信息，但导游员在讲解旅游景观时，为了帮助旅游者更好地理解旅游景观，经常会提及一些该景观并非直接包含的内容，这就是旅游景观的从属信息。

在导游讲解语言中，应用较多的旅游景观从属信息主要是相关的科学理论、地位价值、名人题语、社会现象和学术观点等。

（三）导游讲解语言交互式特点

导游讲解语言是导游员在导游讲解服务中使用的语言，它不同于教师的教学语言、播音员的播音语言、律师的辩护语言等其他工作语言，它必须在使导游员与旅游者之间即时实现双向互动才能达到目的，因此交互式成为导游讲解语言的又一个鲜明特点。

1. 导游员与旅游者交叉传播的交互过程

导游讲解语言要求旅游者在听了导游员的讲解之后，必须发生一定的变化，如增长知识、振奋精神或激励思想等。这些变化也必将反馈到导游员身上，使导游讲解语言随之发生进一步的变化。换言之，导游讲解语言始终处于导游员与旅游者之间交叉传播的互动过程之中。从性质上来看，导游讲解语言的这种交互过程表现为积极意义上的交互过程、消极意义上的交互过程和中性意义上的交互过程三种类型。

（1）积极意义上的交互过程。如果导游员事先对导游讲解语言准备细致、设计合理，旅游者在听完导游员讲解后就会发生如其所料的反应。这就证明导游讲解语言是合理、恰当的，导游员也会受到鼓励，继续发扬、完善它。再次使用后推动旅游者又产生理想的反应。这种导游讲解语言的交互过程对导游员和旅游者都有好处，是积极意义上的交互过程。

（2）消极意义上的交互过程。如果旅游者在游览后还同游览前一样没有认真倾听导游员的讲解，说明导游讲解语言出现了问题，需要导游员调整、改正，然后在应用中来检验调整后的导游讲解语言是否正确。这种交互过程在开始阶段对旅游者不利，但对导游员提高讲解工作质量大有帮助，改进后的导游讲解语言对旅游者仍然是有益的，这就是消极意义上的交互过程。

（3）中性意义上的交互过程。在导游员讲解之后，旅游者可能产生疑问或者产生想知道更多东西的欲望。这种情况的出现也许是因为导游员的导游讲解语言不恰当，没有满足旅游者的求知需求；也有可能是因为导游员的导游讲解语言非常吸引人，使旅游者产生了原本没有的求知需求。这时导游员要认真解答或扩大宣传，再根据解答或宣传后的效果决定下一步的讲解工作。这种交互过程对旅游者无疑有益，但对导游员则很难说是积极或是消极的，是一种中性意义上的交互过程。

2. 信息的发出与反馈流向的交互过程

从信息的发出与反馈流向来看，导游讲解语言的交互过程还可以表现为以下两个方面：

（1）导客交互过程。导客交互过程是指导游员先向游客传播信息，然后游客反馈信息回到导游员的交互过程。很多导游员讲解语言都表现为这种信息流向模式，有的时候导游员还可以主动设问或与游客开玩笑来加强信息的交流。

（2）客导交互过程。客导交互过程是指游客在导游讲解过程中突然发出信息，然后导游员反馈信息给游客的交互过程。这种信息流向模式发生的概率也很高，需要导游员在讲解之前就尽可能地做好准备。最常见的就是游客突然发问，要求导游员立即予以回答。

（四）导游讲解语言的配合使用特点

根据导游讲解语言的定义和导游讲解工作的本质可知，导游讲解语言主要是通过口头来传播信息，但同时也要辅以必要的其他手段，导游员所说的话中也包含了很多辅助内容。这就是导游讲解语言的第四个特点，即必须与其他导游语言配合使用。

在导游工作中，与导游讲解语言配合最密切、最频繁的非导游态势语言莫属。导游员在向游客指示旅游景观的方位时除了口头语言之外，还会用手势来指示，同时目光也转过去带动游客的视线移向讲解目标；导游员在沿途讲解时站在车厢中前部，身体保持端正直立，目光经常同游客保持接触，带着微笑让游客放松心情；导游员在景点示意图前介绍游览路线和注意事项时，边讲解边用手中的导游旗在图上指示，等等。以上这些常见的情形正是导游讲解语言与导游态势语言结合的表现。导游讲解并不是导游员通过语言就可以完成的工作，必须以目光、姿势、表情、手势、旗语等多种导游态势语言来辅助。

物化导游语言也是导游讲解中配合导游讲解语言使用的常用导游语言。许多有经验的导游员在带团游览旅游景点之前会准备一些相应的图片、文字、录音带或录像带等，然后在游览车上或游览过程中发放给旅游者并结合这些东西讲解眼前的旅游景观。这样的讲解方式使旅游者获得的信息更加全面、准确，尤其是对于那些旅游者无法直接看到的信息，如地质地貌的形成、遗址废墟的原状等，可以通过这些物化导游语言中的动画模拟或老照片、美术作品等演示或展示给游客。

在导游讲解时，导游员除了注意导游讲解语言的内容之外，还要考虑如何恰当地使用副语言，这也是导游讲解语言在运用时必须配合的语言因素。副语言是指口头语言的语音、语调、音量和语速等。严格来讲，副语言并非一种可以独立使用的语言类型，但它却是各种口头语言使用时必不可少的配合元素。外语导游员讲解时必须重视发音是否准确，以免游客由于没有听清而产生疑惑；导游员在讲解中抒发感情时必须使用合理的语调，否则游客无法产生情感共鸣；在野外和室内的不同讲解场景中，导游员说话的声音要有大有小，既保证游客听到又不破坏景观意境。这些方面都体现了副语言在导游讲解中的重要价值。

导游讲解语言的配合使用特点还体现在导游员的工作配合之中。在旅游活动过程中，通常地陪是主要的讲解服务提供者，也就是导游讲解语言的主要使用者。但为了帮助地陪的工作，全陪和领队有时也会配合地陪向游客介绍导游员所知道的一些知识。他们的讲解或成为地陪讲解的有效补充，或扩大地陪讲解的深度，或为地陪后面的讲解做好铺垫，都不同程度地实现了导游工作集体成员间的合作。从导游讲解语言的角度来看，这就是导游员之间互相配合使用导游讲解语言，或者也可以称作导游讲解语言的配合使用。

二、导游讲解语言的要求

语言是导游员的立身之本，而导游讲解语言则是导游员的立言之本。合格的导游员必须提供合格的导游讲解服务，而合格的导游讲解服务必定是建立在合格的导游讲解语言的基础之上。合格的导游讲解语言，即使用导游讲解语言必须达到正确、清楚、生动和灵活的基本要求。

（一）导游讲解语言的要求——正确

正确是导游语言的基本要求之一，也是导游讲解语言最重要、最根本的要求。导游员要通过讲解服务向旅游者传播中华文明，引导旅游者感受美的检验。如果导游员传递的是错误的信息，那么不仅毫无美感可言，而且会导致游客对导游员产生不满，更甚者会严重损害旅游目的国（地）在旅游者脑海里的形象。与之相反，如果导游员传播的信息真实、准确，游客就会越发信服和尊重导游员，进而提高旅游目的国（地）在旅游者中的口碑。

导游讲解语言的正确要求，就是导游员的讲解要科学化和规范化，具体而言表现在以下几方面：

（1）遣词造句准确，符合语法原则导游讲解语言要正确，要先考虑作为语言基本元素的字、词、句的使用是否正确，是否符合语法规范。

（2）咬字吐音准确，副语言运用恰当。导游讲解语言正确要求的第二个表现就是在语音等副语言方面要力求正确、恰当。导游员要把信息传播给游客，前提是游客要能够听懂导游员所说的话，也就是要求导游员的语音要准确。此外，音量、语调和语速等方面也应该合乎游客们的听说习惯。所有导游员都必须学会如何恰当运用各种副语言。副语言的运用是导游语言艺术中的一个重要方面，副语言运用得当将大大有助于导游员的讲解工作，从而提高导游员的工作水准。

（3）讲解信息准确，内容充实有据。导游员在讲解时所说的话要有内容、有根据、有道理，这是考察导游讲解语言是否满足正确要求的关键标准。导游员的讲解必须要传播真实的信息。导游员在旅游地带领游客游览时，务必要进行或简或繁的解释说明，既有客观事物的外在描述，又有主观情意的内在阐述。在导游讲解语言中，与言之有物同样重要的是言之有据，也就是所说的内容要有科学证明，要有事实依据。导游员在讲解旅游景观时，所列举的表象信息数据必须真实、具体，介绍景观的形成或建造必须符合科学原理，抒发感情和议论必须与景观联系密切，即使是讲述一些典故传说也应该有出处、有道理。[1]

（4）艺术加工准确，引证列举恰当。导游讲解语言的主要作用是传播信息，

---

[1] 赵湘军 . 导游学原理与实践 [M]. 长沙：湖南人民出版社，2003.

而信息传播的目的是要给旅游者带来美的享受，因此在导游讲解语言中不可避免地会进行一些艺术加工。任何对信息的艺术处理同样也必须满足正确的要求。在导游讲解语言中的艺术加工，其手段和方式应该要符合游客的审美习惯和思维模式。在导游讲解语言中的艺术加工应该文明、高雅，在导游讲解语言中的艺术加工还要简洁明了，避免附庸风雅地任意引用名人名言或诗词作品。

（二）导游讲解语言的要求——清楚

1. 导游员讲解时要口齿清晰

导游员应该掌握一些必要的发音方法，保持呼吸通畅。“气乃声之本”，只有气息连贯了，导游员的吐气发音才会完整，游客才能听清导游员所说的话，而“听得清”是“听得懂”的前提，是口语表情达意的基础。由于导游讲解的内容繁多，导游员往往要在较短的时间内迅速向游客介绍大量的知识信息，因此语速相对较快。越是在这样的情况下，导游员越要注意保证口齿清晰。

在发音时，导游员还要讲究声音的音色，尽量使用清亮圆润的语言，避免粗糙生硬、嘶哑难听、模糊不清的重喉音、重鼻音和气音。导游员在工作中要注意保护声带，避免生病，如果患有鼻炎、感冒等疾病应该及时治疗，以免语音受到影响。

2. 导游员讲解时要层次分明

导游员的讲解与导游词的写作一样，事先要确定好讲解的内容与结构，找准一个恰当的主题思想，然后依据这个主题思想来介绍和描述景观。在景观所有要介绍的内容之中，应该遵循内在规律，有条有理地展开讲解。

通常自然景观讲解的内容应该包括景观名称、景观价值或特色、景观方位、景观形状、景观地质构成以及景观传说或典故；人文景观讲解的内容应该包括景观名称、景观方位或构造、景观价值或特色、景观历史、景观文化内涵或象征意义以及景观传说或典故。这些内容是大多数旅游景观必须让游客知道的，缺一不可。在此之外，导游员还应当适当加入对景观的描绘，增强游客的印象。

3. 导游员讲解时要通俗易懂

导游讲解的内容主要是通过口头语言来传达，口语声过即逝，游客不可能像看书面文字那样可以反复阅读，必须当即就让游客明白。因此，导游员要尽量使用不会产生歧义的词汇，口吻尽量接近日常生活。

导游讲解语言的来源是书面导游语言，因此需要导游员对其进行适当的加工改造。将书面导游语言改造成导游讲解语言的方法主要有两种：一种是改变用词，如将“发端于……”改成“在……开始”，将“蜿蜒逶迤”改成“弯弯曲曲”，将“羞赧”改成“害羞”等；另一种是改变句式。

导游讲解语言要符合口语化的标准，应该多采用短句、单句，少采用长句、复句。太长的句子在表达时比较费劲，容易造成导游员呼吸不畅和断句不当；复合句既不利于游客理解，也会导致导游员出现语病和逻辑混乱。导游员在开展导游讲解工作之前，最好能够先默念一遍导游词，看看是否用了太多的长句和复句，如果是则适当进行调整。

（三）导游讲解语言的要求——生动

生动是导游讲解语言之魂。导游员的讲解不同于演讲、报告和座谈等其他口头语言形式，其根本目的是要让游客通过导游员的口头表达再结合观赏，获得美的享受，求得放松与快乐。导游讲解语言的根本目的决定了导游讲解语言必须是绘声绘色的语言，必须是悦人耳目的语言。总的来说，导游讲解语言必须是生动的语言。

（1）表达流畅是生动的前提。语言流畅才能达意，也才能让听众产生美感。除特殊情况或刻意的设计之外，导游员在讲解时要尽可能语流不断，减少长时间的停顿、口头禅和语气词出现的频率“言为心声”，口头语言是一个人内心活动的生理体现，除了个人先天的发音器官之外，导游员的思维品质、语言内容和气息也会影响到讲解语言的流畅。思维是影响口头语言流畅程度最重要的因素，思维指向性越明确，口头语言表达就越流畅。如果导游员在讲解时注意力高度集中，对所讲内容非常熟练，那么讲起来就会妙语连珠。语言内容也会影响导游讲解语言的流畅程度。

气息对于一般人说话的影响并不太大，因为毕竟普通人连续说话的时间并不长。但导游员的工作具有特殊性，往往一讲起来就是好几个小时，并且是连续若干天都在讲解。这就对导游员的呼吸提出了一定的要求，必须学会调整、控制说话时的气息。

（2）内容具体是生动的基础。生动与形象是不可分割的整体，生动的美感是依靠形象的内容来创造的，因此导游员在讲解时内容要入细入微，用口头语言为游客描画出一幅幅具体的影像，也就是人们通常所说的导游员“以口作画”。内容具体还表现在对数据信息的列举上。许多旅游景观都有很多数据信息需要导游员告诉游客，将这些信息说得越全、越细，游客听来印象就越深刻。

（3）描述精彩是生动的体现。对于任何一个旅游景观，导游员都不可忽视在游客欣赏之外辅以丰富的描述，正是这些描述使旅游景观的形象更加丰满和完整，极大地增强了导游讲解语言的表达效果。描述如同绘画中的上色，经过上色之后的图案较之黑白线条图案更加富于表现力，加以描述的讲解比起单纯的信息介绍更加让游客满意。这种描述不是简简单单的形容词的堆砌，而是意境的阐发，是更有水准的信息传递。

（4）修辞手法是生动的源泉。无论是讲解景观的具体内容，还是添加适当的描述，导游员都会使用一些修辞手法。导游讲解语言中常用的修辞手法主要包括比喻、拟人、引用、对比、夸张和排比等。它们有的以熟喻生，帮助旅游者理解旅游景观之美，如比喻、拟人等；有的触类旁通，提高旅游景观的美学品位，如引用、对比等；有的渲染气氛，驱使旅游者产生积极的情感反应，如夸张、排比等。不管是使用何种修辞手法，最终的目的都是使导游讲解语言生动、鲜明。

（四）导游讲解语言的要求——灵活

导游讲解过程是一种带有不确定性的过程，导游员永远无法百分之百地预测到实地讲解时所遭遇到的情况和所产生的效果。不同的时间、空间、气象、对象、场合和情绪等因素都会影响到导游讲解语言的运用。因此，导游员必须提前了解每次讲解任务的不同之处何在，何者当讲，何者不当讲，当讲的要讲到何种程度，然后再开展讲解工作。这就要求导游讲解语言必须灵活、得体，与讲解时的具体情境相吻合，有针对性、有计划性地实现各项讲解任务。

第二节　导游讲解语言的运用与变化规律

一、导游讲解语言的运用探究

导游过程实质上就是导游员以丰富多彩的社会生活和壮丽多姿的自然风景为题材，以层次不同、审美情趣各异的旅游者为对象，对掌握的知识进行整理、加工和提炼，进行再创造的过程。这种过程的结果就是导游员所运用的导游讲解语言。

（一）导游讲解语言量化标准的运用

导游员是否成功地运用了导游讲解语言主要是由游客来判定的，因此导游员在讲解时必须密切注意游客的反应，通过分析游客的反应和与游客交流的信息来了解导游讲解水平，然后取长补短，做出适当的调整。但这并不意味着导游员就不能够对导游讲解语言进行绩效评估。从导游员自身的角度来说，可以参照某些标准来考查导游讲解语言。这些标准有的可以某种数量值来体现，即量化标准，如语速、讲解时间、信息量与信息比例和内容结构等；另外有些标准则不能用数量值来体现，即非量化标准，如清晰度、亲切度和识记度等。

1. 导游讲解语言的语速

导游讲解语言作为一种特殊的口头语言，具有“快、急、难、杂”的特点，其中“快”是最突出的特点。导游员要讲解的东西很多，而可供发挥的时间并不是很长，导游员还要兼顾到游客的自行欣赏，因此，导游讲解语言的语速比普通人的日常会话要快一些。

（1）沿途导游讲解语速最快。在往返交通集散地、往返下榻地和往返旅游景点的沿途中，导游员必须在旅游车（船）上向游客讲解本地概况、景点概况、本地风情和沿途风光，内容最多，信息量最大，讲解面最广，游览速度（车速或船速）也最快，所以这个时候导游讲解语言的语速最快，大约为每分钟160~220字。

（2）引发积极情绪的人文景观讲解语速略慢。引发积极情绪的人文景观是指能够使人产生振作、欢乐、兴奋、惊叹等积极的情感反应的人文景观，如革命圣地、民俗节庆、神秘古迹、世界奇观等。这些景观带有浓重的文化内涵和鲜明的民族烙印，对于游客来说有很强的新鲜感和吸引力，需要导游员详细加以说明和解释。这时导游员讲解比较慢，还要随时回答游客提出的问题，语速大约为每分钟120~160字。

（3）自然景观讲解语速次快。自然景观一般内涵较浅，游客大多可以通过欣赏来掌握其美感，而且都会有很强的留影愿望。因此，导游员讲解自然景观时不需要说得太多，要留出足够的时间来让客人自己品味和拍照。关于自然景观的导游讲解语言语速也比较快，大约为每分钟150~200字。

（4）引发消极情绪的人文景观讲解语速最慢。任何旅游景观都具有一定美感，能够使旅游者产生审美上的愉悦感。但这种审美上的愉悦感并不一定都是积极的情绪，有时一些消极的情绪也能够满足旅游者的审美愿望，如参观南京大屠杀遇难同胞纪念馆后游客感到沉痛和反思才是正确的审美反应，这类景观就是引发消极情绪的人文景观。讲解引发消极情绪的人文景观需要导游员在说明解释之外加以适当的感慨阐发，应该要慢慢地讲，语速大约为每分钟100~150字。某些人文景观需要导游员引导游客进行思考，也适用于这种语速，如讲解山东曲阜三孔的楹联碑刻等。

以上所提的语速标准只是根据讲解内容的不同而提出的参考标准，并不是绝对化的标准，在面对不同游客和处于不同场景下时，导游员的讲解语速也会发生相应的变化。导游员在实践工作中应当根据自己的理解与实际情况，灵活掌握语速标准。

2. 导游讲解语言的时间

在导游员的讲解工作中，讲解时间＝游览总用时－引导时间－移动时间－游客欣赏时间－自由活动时间。在这个时间公式中，游览总用时是指从游客进入旅游景点到离开旅游景点的全过程所需的时间；引导时间是指导游员介绍景点概况和提醒注意事项所需的时间；移动时间是指导游员带领游客从一个景观走到另一个景观时所用时间的累积；游客欣赏时间是指游客自行欣赏每个景观所用时间的累积；自由活动时间是指游览途中或结束时让客人休息和回味的时间。在游览总用时中，讲解时间大约占其中的30%~80%。一般来说，讲解自然景观时讲解时间比例较小，约占 30%~50%；讲解人文景观时讲解时间比例略大，约占 50%~70%；沿途导游时讲解时间比例最大，约占 60%~80%。

无论讲解怎样的旅游景观，导游员需要注意，每一次的讲解时间最长不要超过 1 个小时，否则游客会产生疲劳。如果某个景观的讲解内容确实很多，导游员就必须将其分为若干段落，每个段落之间穿插一些游客欣赏时间和自由活动时间。

在讲解时间中又包括了三个部分：纯讲解时间、回答提问时间和交流感受时间。纯讲解时间是指完全由导游员“一言堂”式地讲解所用的时间，这是讲解的主体，在讲解时间中约占 50%~80%；回答提问时间是指导游员回答游客提出的问题所用的时间，导游中可以利用游客提出的问题借题发挥，深入阐述景观的内涵，这种时间在讲解时间中约占 10%~30%；交流感受时间是指导游员在纯讲解和回答提问之余，主动询问游客感受，进一步答疑解惑的时间，大约在讲解时间中占 10%~20%。

3. 导游讲解语言的信息量与信息比例

所谓信息量是指导游讲解语言中包含的信息容量，简单地说，就是除了问答、感慨和与本景观无关的聊天之外，导游员在讲解时传授给游客多少知识。

导游讲解语言的信息量与讲解时的语速和讲解时间有关。语速越快，讲解时间越长，则信息量也就越大；语速越慢，讲解时间越短，则信息量也就越小。由此引出，沿途导游讲解的信息量最大，其次是自然景观和人文景观。

导游讲解语言的信息量还与讲解对象有关。讲解景观群体时的信息量要小于讲解景观个体时的信息量。如讲解天坛祈年殿明显要比讲解整个天坛更加详细、具体，输出的知识更多。

在导游讲解语言的信息中，包含表象信息、内涵信息和从属信息，有时还会包括一些引导信息，如宣布游览路线、游览时间、集合时间与地点等。这些信息在导游讲解中并不是平均分布的，而是各自占有一定的比例。

在沿途导游中，由于时间所限，不容许导游员深入地阐述沿途景观的内涵，只能以表达表象信息为主，几乎六成以上的沿途导游讲解信息都是表象信息；沿途导游除了风光介绍之外，还要向游客介绍本地风情，这种从属信息在沿途导游讲解中约占三成；另外，在上车（船）时导游员要提醒游客车（船）程远近、注意事项和游览日程等，下车（船）时要回顾已经历的活动和预告将要开展的活动，因此引导信息大约也占有一成的信息量。

旅游景点的参观游览过程是旅游者最主要的旅游目的所在，其求知的愿望最为强烈，因此导游员在旅游景点提供讲解服务时就必须求细、求全、求深。内涵信息在导游讲解语言的总信息量中所占比例大大增加，约达到五成；其次是表象信息和从属信息，约达到四成，其中讲解自然景观时表象信息居多，讲解人文景观时从属信息居多，导游员只需要在旅游景点门口告诉游客本次游览的安排。

4. 导游讲解语言的内容结构

导游讲解语言的内容结构是指导游员讲解时的各个部分内容及其之间的比例。这种内容结构可以分为微观讲解内容结构和宏观讲解内容结构。

（1）微观讲解内容结构。微观讲解是指针对单个旅游景观的讲解。在平铺直叙式的导游讲解之中，导游员讲解单个旅游景观通常会分为以下四部分：

第一，导游员指示景观方位。

第二，导游员为游客描述景观的表象和内涵。

第三，导游员简要介绍一下该景观的概况，如面积、地理位置和创建年代等等。

第四，导游员从表象信息引申开来，阐发其他内容，如与景观相联系的科学文化或名人典故等。

以上这四个部分在含量上大致表现为 1（指示）：2（简介）：4（描述）：3（阐发）。

（2）宏观讲解内容结构。宏观讲解是指导游员将一定范围内所有的景观作为一个整体，向游客进行提纲挈领式的讲解。这种讲解通常是在导游员带领游客前往旅游景区（点）的途中所做的讲解或是在进入旅游景区（点）之后到开展微观讲解之前所做的讲解。宏观讲解是微观讲解的前奏，是向旅游者提供旅游景区（点）基本信息的介绍，是帮助旅游者进入对单个旅游景观的欣赏的“预热”过程。宏观讲解通常也分为以下四部分：

第一，导游员传递旅游景区（点）的基本概况信息，如地理位置、面积、创建年代和学术价值等。

第二，导游员要说明本景区（点）的景观特色和价值，并且可以选择其中一两个著名景观做典型介绍。

第三，导游员要向游客详细介绍本景区（点）的背景知识，如地质成因、形成缘由、名人典故和历史沿革等。

第四，导游员在对遇到的第一个单个景观进行微观讲解之前提醒游客有关注意事项。

以上这四个部分在宏观导游讲解中所占的比例大约是 1（概况）：4（背景）：4（景观）：1（提醒）。

（二）导游讲解语言非量化标准的运用

导游讲解语言运用是否成功的另一种判断方法就是用一些带有主观臆测性的指标来衡量，这种指标不能用客观的数量值来体现，称为“非量化标准”。

（1）清晰度。导游讲解语言的信息能够让游客清楚、明白地了解的程度。游客只有理解了导游员所说的内容，才会如同导游员预料的那样产生恰当的情感反应，才会获得旅游的满意感。因此合格的导游语言应该让游客能够基本理解，也就是要具有高清晰度。

（2）亲切度。导游讲解语言与游客的文化素质、生活背景和习性爱好之间的吻合程度。同样的信息，在不同的游客听来会产生不同的反应，其中之一就是觉得亲切与否。如果导游讲解语言能够针对游客的具体情况有的放矢地传递信息，游客听起来就会觉得更加顺耳，也就会更加乐于接受。导游讲解语言与游客的文化素质、生活背景和习性爱好越吻合，信息传递的效果就越好。故而合格的导游讲解语言，亲切度也是越高越好。

（3）识记度。导游讲解语言的信息给游客留下印象的深浅程度以及在记忆中再现的时间长短。部分导游员在讲解时能够让游客开怀大笑，但不容易留下印象；真正优秀的导游员能够讲得有滋有味，让游客在游览结束之后仍然不能完全忘怀；合格的导游讲解语言应该具备起码的识记度，也就是说至少能够让游客在旅游全过程中和刚结束之时还记得起到过哪些地方，看到了哪些景色和听到了导游员所说的哪些内容。

（三）导游讲解语言常用讲解方法的运用

讲解方法是导游讲解语言艺术的重要组成部分，是导游技能的重要体现。在实践工作中，有一些讲解方法被导游员普遍采用，其有效性得到了充分验证。以下针对常用的方法进行探讨：

（1）概述法。概述法是指在前往景点的途中或在景点的入口处介绍景点的基本情况，如历史沿革、占地面积、景观特征、欣赏价值等，使旅游者对景点有一个整体的初步印象。

（2）分段法。分段法是指将一处大的风景区分为前后衔接的若干部分来讲解，一般按照游览顺序进行讲解。在景区的入口处将景区的概貌作一初步的介绍，包括历史沿革、范围、大体的特色风格等；然后进入各部分，每一部分的讲解应尽量突出其个性特征，回避共性的特征，使旅游者不感到重复乏味。在讲解当前的景区时不要过多地涉及下一个景区。当这个景区的游览接近尾声时，可适当讲一点下一个景区，这样做的目的是引起旅游者对下一个景区的兴趣，这样使整个讲解一环扣一环，有一个连贯性。

（3）触景生情法。在旅游者的旅游活动中，获得听觉和视觉刺激仅仅只是最肤浅的旅游感受，也是导游员带领游客进入的最低层次的旅游审美境界。一次成功的导游服务应该能够引导游客从对旅游景观表象的欣赏进入到对其内涵的探究，也即是从“悦耳悦目”的审美境界上升到“悦心悦意”和“悦志悦神”的审美境界之中。这种审美境界的提升不是单纯传递旅游景观自身的信息能够达到的，需要导游员在介绍景观的同时借题发挥，利用所见景物制造意境，适当抒发感慨和议论，从而使游客产生联想，领略到更高层次的美感。这种导游讲解的方法就是触景生情法。

（4）问答交流法。无论是平铺直叙法还是触景生情法，在形式上主要都是表现为导游员讲给游客听的模式，游客对旅游欣赏过程的主动参与程度不高。为活跃讲解气氛，提高游客的欣赏积极性，导游员可以尝试使用一些有助于游客发挥主观能动性的手段，通过与游客之间的提问和回答来讲解旅游景观，这就是问答交流法。

（5）突出重点法。导游员如果将景观的各部分内容在平铺直叙法的基础上重新组合，详述其中的部分内容，其他内容则简述，就将平铺直叙法改造成了突出重点法。突出重点法弥补了平铺直叙法面面俱到却面面不精的缺陷，使讲解主题更加鲜明，游客选择接受导游员的讲解内容也更有计划性。由于突出重点法要求讲解内容的各部分之间彼此有详略的对比，因此适用于内容繁多、类型丰富的群体型旅游景点。

（6）虚实结合法。在使用触景生情法讲解景观时，如果导游员在讲解中融入一些民间传说或者历史典故，将述景、话古、抒情三者有机结合起来，就形成了另外一种讲解方法，即虚实结合法。虚实结合法在讲解自然景观时运用得相当普遍，是丰富讲解内容、活跃游览气氛、提高欣赏美感的有效方法。许多导游员在讲解普通的山水景观时感到讲解内容不多，对景物的描绘缺乏生动性，就可以采用虚实结合法，通过讲故事等方式来使景观形象、丰满起来。

（7）制造悬念法。制造悬念法是问答交流法的一种延伸，是在导游员（或游客）提出问题后并不急于给出回答，充分渲染却又引而不发，吊起游客胃口后再在讲解中逐步揭示答案的讲解方法。制造悬念法通常是在导游员带领游客进入旅游景点之初或者刚刚看到景点的核心景观时采用。此时，导游员已经通过前面的概述或者讲解激起了游客的游兴，但在关键处提出令游客感兴趣的问题却不立即回答，也就是在游客们认为导游员要大讲特讲的时候卖个关子，让游客思考或欣赏之后再揭开游客心中的谜团。

（8）类比法。类比法是导游员在讲解游客比较陌生的景观时，将其与游客熟悉的事物进行比较，以熟喻生，便于游客理解和欣赏的导游讲解方法。类比法通常适用于比较生僻的旅游景点，对那些来自异域、有着不同文化背景的游客效果尤佳。

（9）画龙点睛法。用凝练的词语概括出游览景点的独特之处，给旅游者留下深刻印象的讲解方法即画龙点睛法。旅游者观赏了景物，听了导游员的讲解，一般都会有一些个人的见地。此时导游可再作适当的概括总结，以简练的语言，点出景物的精华所在，帮助旅游者领悟其中的奥妙，以获得更高层次的审美享受。

综上所述，导游讲解方法并非一定之规，也绝非仅仅以上介绍的几种。导游员在实际工作中要针对具体情况，科学分析，综合运用，使讲解语言丰富多彩，富于变化。各种讲解方法的运用都有一定的局限性，要求导游员结合自身特点，将导游讲解方法与一贯的导游风格相匹配，尽可能创造出有特色的导游讲解方法。

二、导游讲解语言的变化规律分析

变化多样是导游讲解语言的一个重要特点，它要求导游员在使用导游讲解语言时因人而异、因景而异、因时而异和因地而异。

导游讲解语言变化多样并不意味着导游员可以无计划、无目的地随便去讲，它的变化也有一定的规律可循。只要掌握了导游讲解语言的变化规律，导游员就可以有的放矢地进行讲解，帮助旅游者更好地开展旅游活动，实现导游工作价值的最大化。

导游讲解语言变化的主要依据是导游员要针对不同讲解对象、不同讲解内容和不同讲解情境来变化导游讲解语言，其中针对不同讲解对象是最主要的变化规律。

（一）不同讲解对象的变化

导游员的讲解对象也就是导游讲解语言信息传播的信宿，通常来说主要指的是导游员所陪同游览旅游景观的旅游者。旅游者来源不同、背景不同、性格不同、旅游动机不同，因此他们对导游讲解语言的要求也不相同。只有符合旅游者的要求的导游讲解语言才能够很好地实现信息传播的目的，才能够称得上是合格的导游讲解语言。

每位旅游者都是一个特殊的个体，都需要导游员采用最适合他（她）的导游讲解语言。不过，某些旅游者又都有相同或相似的地方，也就是具有共性。这些共性的形成以及由此产生的对导游讲解语言的要求有一定的规律，导游员可以根据这些规律来提供讲解服务。导游讲解语言针对讲解对象而变化主要有以下三个方面：

1. 不同社会阶层旅游者的变化规律

社会阶层是指人们由于所占据的社会政治、经济地位不同而形成的社会集团。导游讲解语言的变化主要依据的是旅游者的职业。从这个角度来看，接待国家与社会管理者阶层、中产阶层、商业服务业员工与产业工人阶层和农业劳动者阶层的旅游者时，导游员应当适当变化的讲解语言。

（1）国家与社会管理者阶层。所谓国家与社会管理者阶层是指中央政府各部委和直辖市中具有实际行政管理职权的处级和处级以上行政级别的干部；各省、市、地区中具有实际行政管理职权的乡科级和乡科级以上行政级别的干部。

（2）中产阶层。中产阶层是指虽然实际职权不大，但是经济比较宽裕的社会中间阶层，主要包括大中型企业中非业主身份的中高层管理人员、中小型私营企业主、各种行政机构和企事业单位中的专业技术人员以及个体工商户等，城市里中高等学校的学生也可纳入这个阶层。在导游讲解语言方面，导游员接待中产阶层旅游者时要严格遵守正确、生动的讲解要求，知识面要广，文化内涵要深，导游讲解方法要丰富，尤其是触景生情法、问答交流法和制造悬念法等参与性强的导游讲解方法要频繁使用。此外，对中产阶层旅游者讲解时不需要太多话语，点到为止即可，过多的解释说明反而会冲淡他们的游兴。

（3）商业服务业员工与产业工人阶层。商业服务业员工与产业工人阶层是指在第三产业和第二产业中从事非专业性的劳动工作的业务员、服务员、工人以及相关人员。导游员接待这种旅游者时，讲解中要加强生动性，尽量为旅游者创造轻松、愉快的旅游氛围。在导游讲解方法的运用方面以触景生情法和虚实结合法为主，类比法的使用相对较多。[1]

（4）农业劳动者阶层。农业劳动者是指承包集体所有制的耕地，以农、林、牧、渔业为唯一或主要职业，并以之为唯一或主要收入来源的人员接待农业劳动者阶层的旅游者时，导游员讲解以清楚为第一要务，内容应通俗易懂，语调应轻松活泼，语速应适当放慢，平铺直叙法、虚实结合法和类比法是比较常用的导游讲解方法。

2. 不同生理特征旅游者的变化规律

所谓不同的生理特征指的就是旅游者在生理素质方面存在着差别，尤其是在性别、年龄和体质方面有差别。这些差别使他们在旅游时的行为表现有所差异，对导游服务也提出了不同的要求。

（1）不同性别的旅游者。在大多数情况下，女性情感比男性细腻，注重细节，喜欢倾听，容易受外界影响；男性情感个性相对比较独立。对女性旅游者讲解时，导游员要神情亲切、语调低回，清楚和生动是起主导作用的讲解要求，触景生情法、虚实结合法、制造悬念法和类比法使用较多；对男性旅游者讲解时，导游员要神情自然、语调高昂，正确是起主导作用的讲解要求，平铺直叙法、突出重点法和问答交流法使用较多。

（2）不同年龄的旅游者。具体如下：

第一，少年儿童依赖性强，好奇心重，参与热情高。导游员讲解时要和蔼可亲、内容浅显、生动形象，话语宜多不宜少，问答交流法、虚实结合法和类比法使用略多。

第二，青年人独立性强，容易冲动，好胜心重，逆反心理明显，参与热情也很高。导游员讲解时要简洁明快、内容广博，话语点到为止，平铺直叙法、问答

[1] 熊剑平．导游业务 [M]. 武汉：武汉大学出版社，2008.

交流法和制造悬念法使用略多。

第三，中年人成熟稳重，务实求真，喜欢思考，注重亲身体验。导游员讲解时要观点正确、主题突出、详略得当，突出重点法、触景生情法、虚实结合法和制造悬念法使用略多。

第四，老年人性格随和，怀旧心重，喜欢热闹，关注民生。导游员讲解时要内容繁多、线索清晰、感情充沛，触景生情法、突出重点法、问答交流法和类比法使用略多。

（3）不同体质的旅游者。体质好的旅游者往往求知欲强，对旅游景点的游览兴趣浓厚，因此导游员在接待这些旅游者时要搜集大量的信息，讲解时旁征博引，侃侃而谈，并且主动与游客交流体会、沟通思想。突出重点法、问答交流法和制造悬念法无疑是相当合适的导游讲解方法。体质差的旅游者由于受体力所限，比较情绪化，所以导游员向他们提供讲解服务时不用介绍太多的知识，而以感情渲染为主，适合使用触景生情法、虚实结合法和类比法来讲解，努力将游客引入身临其境的状态之中。

3. 不同性格旅游者的变化规律

旅游者由于受到生活地域、受教育水平、家庭环境等因素的影响，会形成不同的性格，这些性格进而会影响到他们对于导游讲解服务的接受能力和好恶感受。导游员可以通过观察旅游者的言行举止，分析推测出他们的性格类型，从而作为调整导游讲解语言的依据。

许多旅游学者都曾经从心理学等相关学科的角度研究过旅游者的性格，学说不一。目前比较公认的看法是将旅游者分为以下四种性格类型：

（1）活泼型旅游者。活泼型旅游者生性开朗乐观，喜欢集体活动和参与性强的游览项目，偏爱风光俊秀、风格欢快的旅游景点。导游员讲解时要注意加强生动性，亲切自然、平易近人，信息传播要广泛且多样，多讲些故事和传说，少说些理论和观点，问答交流法、制造悬念法和虚实结合法是比较适合他们的导游讲解方法。

（2）稳重型旅游者。稳重型旅游者通常有较高的文化修养与社会地位，在旅游活动中钟情于欣赏文化内涵深的景观，多静少动，好思寡言，追求旅游的意境与品位。

（3）忧郁型旅游者。忧郁型旅游者重感情而轻知识，重细节而轻整体，很多时候宁愿静静地欣赏而不希望导游员喋喋不休地说个不停。导游员讲解时可以参照面对体质弱的旅游者的变化规律，确立明确的讲解主题，制订清晰的讲解线索，介绍景观不要过杂，以触景生情法和虚实结合法为主要讲解方法。

（4）急躁型旅游者。顾名思义，急躁型旅游者好动不好静，好观赏不好思索，好独自活动，不好集体游览。导游员讲解时要密切注意他们的动向，抓住他们的兴趣点来开展讲解服务。显而易见，制造悬念法是向他们讲解时最有效的导游讲解方法。

（二）不同讲解内容的变化

导游员讲解的内容主要是各种旅游景观的信息，需要导游员也相应地选择最恰当的导游讲解语言。

1. 山水风光的讲解

山水风光是旅游资源的一个重要组成部分，是发展旅游业的基础性资源。我国自古崇尚山水，所谓“知（智）者乐水，仁者乐山”，形成了山水之美的传统审美观念，有许多旅游者正是由于对名山大川的向往才踏上了旅途。

山水风光作为自然景观，其表象信息是旅游审美的主要目标。导游员讲解山水风光时要将山水风光的表象信息作为讲解的主体，以准确的数据和形象的语言刻画山水风光的外在美，让游客充分领略到大自然的无限魅力。

许多山水风光之所以闻名遐迩，很大程度上是缘于其地质结构的特殊性。因此，导游员讲解时必须非常熟悉山水风光的地质成因，以通俗易懂的语言讲解有关的专业理论，向游客进行科学知识教育。

山水风光的自身景观相对比较单一，为充实讲解内容，导游员不妨采用触景生情法和虚实结合法并加入一些传说故事，这样会使景观形象更加丰满。

2. 文物古迹的讲解

文物古迹是另一类非常重要的旅游资源，它是一定时代和社会的反映，具有极高的研究和欣赏价值。文物古迹与山水风光相映衬是我国旅游资源的一大特色，同样吸引了大批旅游者前往造访。对文物古迹的讲解以内涵信息为主，表象信息为辅，但内涵信息是通过表象信息才表现出来的，因此导游员讲解文物古迹时首先必须细致描述其表象信息，然后再通过科学合理的剖析为游客揭示出更深层次的历史文化内涵。

我国现在的文物古迹中有相当多的古建筑，这些建筑的布局、结构等方面都包含着一定的造园艺术和建筑原理，这也是导游员在讲解时不可忽视的一部分内容。

我国各地的文物古迹都是一定时期思想文化的反映，这些思想文化的内容相对比较艰涩难懂，但却是旅游景观的点睛之笔。导游员在讲解时应该进行深入浅出的说明，尽可能将游客的欣赏水准和文化修养提升到一定高度。

此外，文物古迹的背后大都联系着一定的历史事件或者历代名人，导游员讲解时要将历史事件或历代名人的介绍融入知识传授之中，两者相辅相成、相映成趣。

3. 民俗风情的讲解

随着人本主义思潮的兴起，旅游者越来越多地将旅游的兴趣转向各地各民族的百姓生活方面，使得带有地方和民族特色的民俗风情成为旅游资源中日益重要的一个种类。

讲解民俗风情的难度略高于讲解山水风光和文物古迹，主要原因是在于民俗风情的内容多样化。如果找不到一条主线来串联所有内容，讲解起来就毫无头绪，兴趣自然也提不起来，所以导游员在讲解民俗风情时的首要任务就是要找到一条主线。各地的民俗风情一般都是由当地的自然环境和历史发展决定的，讲解民俗风情时以自然环境和历史发展为主线是比较恰当的。

民俗风情源于生活，而旅游者关注的民间生活通常会集中在民居、语言、服饰、饮食、歌舞和家庭生活等方面，导游员讲解时应当将焦点集中在这些地方。此外，各种节日庆典往往都是本地民俗风情的集中体现，因此导游员也可以选取本地特殊的节日庆典作为讲解的重点。

讲解民俗风情必须突出“奇”和“趣”，一方面要将本地民俗风情中与其他地方差异最大的地方点出来；另一方面要多介绍一些趣味性强的内容。许多地方开发的民俗风情旅游中都包含了参与性强的娱乐项目，如参加联欢晚会、观赏民族竞技甚至假扮新郎、新娘等，这也是导游员在讲解时应大力宣传的内容。

（三）不同讲解情境的变化

讲解情境指的是导游员在讲解时所处的时间、地点和游客当时的情绪。这些因素的差异同样会使旅游者对导游讲解语言的接受能力发生变化，因此导游讲解语言也要相应做出调整。

（1）讲解时间。在旅游行程的最初几天，旅游者会感到新鲜，导游员讲解的工作量最大，每次讲解的时间较长，内容较多，语速也相对略快，其他讲解方法已经能够让游客感到满意了，再辅以类比法就能够收到更好的效果。导游讲解语言根据讲解时间的变化不仅是在整个旅游周期内的阶段性变化，在每一天的游览中也可以划分为上午、下午和晚间三个时段，参照旅游周期来调整导游讲解语言的风格和内容。

（2）讲解地点。具体探讨两个方面：第一，如果导游员是在博物馆、纪念馆等室内场所进行讲解，由于所讲内容相对比较深奥，那么导游员要压低语音、放慢语速，对微观内容结构的把握要重于宏观内容结构的把握，讲解时间可略微延长，结合有关指示铭牌来介绍景物，以突出重点法和问答法为主要的讲解方法；第二，如果导游员是在山林、洞穴等野外场所进行讲解，导游员应当音调高亢、声音洪亮、语速较快，多给游客留一些自由活动的时间，以问答交流法、触景生情法和虚实结合法为主要讲解方法。

（3）游客情绪。游客的情绪变化一般受到五个方面因素的影响：游客生理特征（体质强弱）、游客性格、旅游行程周期、旅游经历和导游讲解水平。根据游客游兴的高低可以将游客的情绪状态归纳为以下三种情况：

第一，游客情绪高涨时，导游讲解语言要多考虑清晰度的标准，内容以广而杂为宜，讲解方法以平铺直叙法、触景生情法和类比法为主。

第二，游客情绪低落时，导游讲解语言要多考虑亲切度的标准，内容以少而乐为宜，讲解方法以问答交流法和虚实结合法为主。

第三，游客情绪平和时，导游讲解语言要多考虑识记度的标准，内容以深而精为宜，讲解方法以突出重点法和虚实结合法为主。

第三节　导游讲解语言的语音与修辞技巧

一、导游讲解语言的语音技巧

导游讲解语言并非是一种简单的口头语言，从本质上讲它属于艺术语言。艺术语言强调要有音乐性，音乐性可以简单地理解为对音调、语气以及说话的节奏都有一定的要求。比如，要求导游员讲解时语气自然流畅，音调高低适宜、节奏抑扬顿挫等。导游员根据不同的讲解对象和不同的时空背景灵活运用语言的语音技巧，这样的讲解才能够传递真实诚挚的情感，传达出景点真正的神韵。

（一）巧用声音及掌握语调的技巧

1. 巧用声音的技巧

“声音”是口头语言和书面语言都必须重视的一个问题。想要传达出悦耳顺口的“声音”，就要掌握一定的声音技巧。声音技巧并非晦涩难懂，每一个人都能够学会，有些人甚至还能在此方面有很高的成就。因此，要善于运用声音的技巧。

导游者的讲解语言若为口头语言，需要谨遵适中原则。所谓的适中是在旅游者听清的前提下做到音量适度。音量适度即指音量切不可过低或者过高。音量过低会让旅游者认为导游员对其讲解缺乏自信，此外旅游者听起来也很费力；音量过高会让人觉得聒噪，引起心理和生理的不适感。

导游讲解语言作为一种艺术语言，要求导游员的导游讲解要注意语音的优美、自然和变化。悦耳动听的语音会使聆听者感到亲切、愉快，从而产生感染力，打动旅游者的心弦，激发他们的游兴。

2. 掌握语调的技巧

与口头讲解语言相比，书面导游讲解语言对语调的变化更为讲究。如果导游讲解时语调平平，会使讲解内容单调无趣，旅游者听起来也乏味枯燥；导游讲解要把握节奏，掌握讲解内容高潮和低潮时需要运用的语调和音色。讲解遇到高潮部分，导游讲解员的音色要洪亮圆润；低潮部分，音色要自然而然地下沉平稳。语调要有高低变化之分，抑扬顿挫之感，这样才能吸引旅游者注意。此外，书面导游讲解语言对语音和内容也有要求，其要求传达内容情感积极向上，传达真诚情感，做到情景交融。

（二）调节音量与控制语速的技巧

1. 调节音量的技巧

音量有强弱之分。语言表达技巧之一就是学会调节声音的音量，这也是导游过程中不可或缺的一环。音量的强弱要依据游客的数量、导游的环境场所进行调整。游客人数过多，音量自然要强；游客人数较少，音量适当减弱，但要保证每一名游客听清楚。此外，室内外讲解也有差别。室内讲解音量小，室外讲解音量大。要想在不同场所,面对各种数量的游客都能游刃有余,平时就要多练声；此外，导游人员的音量还要根据讲解内容的变化而变化，比如有关键信息或者重要内容时就要提高音量，让游客意识到讲述内容的重要性；还可以通过降低音量，营造一种紧张氛围，引起游客注意，增强感受力。

2. 控制语速的技巧

导游讲解的技巧还包括控制语速。导游讲解就好似老师给学生讲课，如果老师的语调一直不变，语速不紧不慢，按照一种特定的速度讲完整个内容，再好的学生也会觉得乏味，感觉昏昏欲睡。所以导游讲解时要适当调整语速，选择恰当的语速来讲解相应的情节内容。当然，在讲述的过程中，导游也要时刻注意游客的反应状况。讲解语速并不是越快越好，需要有急有缓。如果讲解时的语速一直过快，需要听者长时间集中注意力，会让听者精神紧张、疲惫不堪。所以，导游讲解需要导游根据讲解内容以及讲解对象来调整语速，增加讲解的趣味性和艺术感。

（三）注意停顿的技巧

在语言讲解时，导游员会设置一段短暂的中止时间，这就是停顿。这个“中止时间”是心理时间，并非大家认为的物理时间，因此这个时间的长短很难把控，无法规定几分几秒。导游讲解时，片刻停顿是为了使讲解能收到心理上的反应效果。因此，停顿是指语句之间、层次之间、段落之间的间歇。

导游员讲解停顿的类型有多种，具体探讨以下四个方面：

（1）语义停顿。语义停顿的前提是句与句之间要有短暂的停顿，传达一个完整意思后有一个较长的停顿。

（2）省略意味的停顿。关于省略意味的停顿，导游员不需要传达出直接的肯定或者否定，需要游客根据这一短暂的停顿进行自我判断。

（3）希望游客做出了解的停顿。导游员在讲解时可以抛出令游客非常好奇的话，保持停顿，让游客处于一种应激状态。

（4）语气停顿。有关强调的语气停顿在演讲中常用，导游讲解可以从中吸取到很多经验。

简而言之，停顿在导游讲解中有很好的效果，能让语言流畅通顺，起到意想不到的效果。

二、导游讲解语言的修辞技巧

修辞手法经常出现在书面语言中，又可以叫辞式、辞格。当然，口头语言也可以使用修辞手法。修辞手法的运用可以使语言更加生动形象，表达更加鲜明活泼，艺术感更强。

（一）比喻与比拟

1. 比喻

比喻是语言表达经常使用的手法，简称打比方，就是用相似或者相近的事物进行比拟。

（1）人物形象更加鲜明立体。比如常说屈原的爱国精神以及他著名的诗篇与日月同辉，其实就是将屈原以及屈原的作品比作了日月，这样的说法可以让人感受到屈原及其作品的伟大，突出立体形象。

（2）景物更加生动形象。如“孤山东边的白堤和西南的苏堤，就像两条绿色的绸带，轻柔地漂浮在碧水之上。”就是将白堤和苏堤比喻成了绸带，贴切生动。

（3）语言更加简洁明快生动。如“莲蓬的外形是圆锥体，那么尖端和茎子就把莲蓬上顶出许多小窟窿。”这句话采用比喻的手法让句子简洁流畅，又形象生动。

2. 比拟

比拟和比喻不同，比拟主要是将人比作物，将物比作人，或者将 A 比作 B，这也是导游讲解语言中最常用的修辞手法。

（1）运用比拟，使得情景交融。如：“山上的迎客松似乎在微笑着向人们招手，似乎欢迎远来的客人。”“迎客松”是一种植物，但是将“迎客松”赋予人的思想和情感之后，它就和人一样会微笑，会伸手，这样更加生动、形象。

（2）烘托气氛的比拟。运用比拟时，必须注意三点：第一，要符合事物特征；第二，表达要恰当、贴切；第三，要注意语体特点。

（二）夸张与引用

1. 夸张

夸张是对现有事物进行夸大或缩小的一种修辞方式。在进行讲解时，导游可以适当地夸大或缩小所描述的事物，这样可以引起旅游者的共鸣，唤起旅游者内心丰富的联想和想象。

夸张的表现形式主要有三种：通过比喻形式进行夸张；通过比拟进行夸张；通过神化进行夸张。

在运用夸张这种修辞手法时，要注意以下几点：第一要真实，不能脱离客观实际；第二要明显豁达，夸张的精髓在于要以不真实的修辞手法达到最真实的效果。

2. 引用

引用就是引经据典，取用一些现有的材料和语句来解释问题。在导游讲解语言艺术中，“引用”这种艺术手法可以让语言更丰富、活泼。在语言表述中，引用名人名言、诗句文章、谚语、古今中外典故等可以让语言生动形象，增加说服力。引用又分为明引、意引和暗引。

（1）明引。明引就是明面、正面、明白地引用原句，又可以叫“正引”，明引的特点是所有引用内容明确直接，说服力强。

（2）意引。意引就是引用句子或者原文的主要意思，并不照抄、照搬原句。

（3）暗引。暗引就是间接引用别人的语句，将原句或者原话糅合掺杂到自己的话中，不标明出处，让自己的语言更有感染力。

引用的运用要做到恰到好处，认真对待，不能随意删减或者随意引用，断章取义。

第三章　导游交际语言及其态势语言

在导游交际过程中，导游员要养成一定的个人风格。导游员在带团中如果能充分运用好态势语言，能进一步加强与游客的沟通交流、增强讲解效果、减少摩擦与误解，从而提高带团质量。本章重点探讨导游交际语言风格养成训练、导游交际与态势语言的运用技巧以及导游态势语言在语言交际中的辅助作用与原则。

第一节　导游交际语言风格养成训练

导游的本职工作是带领游客体验美好事物，将视觉风景转化为听觉印象，刺激游客的感官，使得游览的整个过程上升为一种艺术享受。要做好以上工作，导游的语言交际表达能力要达到很高的要求。风趣独特的语言风格，活泼灵活的交际能力，都是一个合格导游应该具备的能力，这样才能使其在激烈的现实竞争下有一定的优势。[1]

一、导游交际语言的艺术语言风格

（1）交际综合化、语言斟酌。导游语言在某种程度上可以被定义为艺术的语言，它属于语言综合运用的门类之一。导游语言包括很多环节，譬如，打招呼、自我介绍、寒暄、交谈、答问、安慰、劝说、解释、赞美、批评、拒绝、道歉、致辞、接待、讲解等与游客交流的方式，还包括推销、引导、迎送等交际礼仪。正是由于繁多而复杂的形式，导游才需要在交际中做到斟酌语言，熟练掌握语言表达的技巧。

（2）语言优美，言辞真诚。在优美的风景面前，游客往往身心皆陶醉，那么，导游就需要用精彩的解说词吸引游客的注意，还需要照顾游客游览风景的想法，需要面面俱到。

（3）顺应诉求，照顾想法。顺应诉求是指导游根据游客的诉求灵活组织语言文字，尽量照顾到游客的心理想法。在游览讲解过程中，导游需要在最短的时间

---

[1] 李林．浅谈导游交际语言风格养成训练 [J]. 现代交际，2011（04）：79-80.

内与游客拉近距离，同时要注意照顾游客的想法变化，这需要导游有较高的语言应变性。

二、导游交际语言风格及其训练

（一）导游交际语言风格

1. 大众化的语言风格

导游工作的必备表达技巧之一就是口语化的导游语言，其中两种比较重要的方式是“独白”与“对话”。口语化的语言需要做到通俗易通、风趣幽默。选用的词语应该通俗易懂，譬如谚语、歇后语、成语以及习惯用语等，这样有利于讲解的同时，还可以使游客迅速接受导游传输的内容。在欣赏美景的同时，通俗、幽默的解说词会增加美景所产生的美感，最终实现感染游客心理的目的。

2. 沉稳质朴、简练平实的语言风格

沉稳质朴、简练平实的语言风格与风趣幽默的语言风格之间存在着极大的差异。情感含蓄、举止沉稳是沉稳风格的外化，导游擅长运用平铺直叙式的讲解方式，为游客提供质朴、简练的引导和沉稳的服务。

与之不同的是，个性化的语言风格是导游提供优质服务不可缺少的条件。导游语言风格的养成是一个发展的过程，随着经验的累积，导游会逐步找到适合自己的风格。这种自我风格也会随着导游的阅历和工作经验等的积累逐渐成熟并定格。

（二）导游交际语言风格的训练

学校教学应该关注导游个人风格的养成。目前大多数导游相关课程只是注重解说技巧的培养，却忽略了导游语言风格并非技巧就可以养成，而是需要从接触导游知识的一开始，就重视培养导游语言风格。

（1）深化知识内涵、扩大知识含量。作为一个导游，丰富的知识是基本且非常重要的素质要求。导游在讲解中，不仅要注意讲解的专业性，还要做到旁征博引。部分导游讲解时只是在背词，何谈语言风格。因此，导游必须不断地学习，提升自身价值，最终成为合格的导游。

（2）口语表达、重在练习。在前期训练当中，导游需要不断练习口语能力。发音、语调以及情感的投入都是导游的基本功课。教学过程中，老师应该给学生多创造此类机会，从而有利于导游从业。

（3）层次清晰、逻辑严谨。导游训练要在勇于开口的基础上，重视语言的逻辑性。中心突出、条理清晰，培养导游从业者严谨的语言表达能力。

（4）模拟讲解、投入感情。选择优秀的学员进行模拟场景教学，从而补充教学，指导学员投入情感、控制情感，同时辅之以幽默风趣的风格，训练学员自如讲解。

（5）实训讲解，培养独立学习的能力。学员进行实训时需要聚焦于培养连贯表达能力和应变能力。在实训中发现问题，指导学生解决问题，克服自身不足，达到自我学习的效果。

第二节　导游交际与态势语言的运用技巧

一、导游交际语言的运用技巧

导游交际语言的一般常用交际技巧无处不在，充分调动各种技巧营造气氛，由此，需要特别注意常用技巧的使用。

（一）称谓与寒暄的技巧

1. 称谓

一般情况下，导游人员对游客的称谓经常使用以下三种方式：

（1）交际关系型。交际关系型的称谓主要是强调导游人员与游客在导游交际中的角色关系，如"各位游客""诸位游客""各位团友""各位嘉宾"等，这类称谓角色定位准确，宾主关系明确，既公事公办，又大方平和，特别是其中的"游客"称谓是导游语言中使用频率最高的。

（2）套用尊称型。套用尊称型是在各种场合都比较适用，对各种身份也比较合适的社交通称，如"女士们、先生们""各位女士、各位先生"等，这类称谓尊称意味浓厚，适用范围广泛，回旋余地较大。

（3）亲密关系型。这类称谓多用于比较密切的人际关系，如"各位朋友""朋友们"等，这类称谓热情友好，亲和力强，注重强化平等、亲密的交际关系，易于消除游客的陌生感，建议在和游客熟悉之后再用此称谓。

在旅游活动中，游客称谓的总原则应把握三点：一要得体；二要尊重；三要通用。

2. 寒暄

社交中，双方见面时互相问候的应酬话叫作寒暄。寒暄的作用就像是乐曲的过门儿，并不是可有可无的。在实际讲解中，运用巧妙的寒暄，为导游开始讲解埋下伏笔。所以，寒暄并不是常说的简单打招呼，也不是随便的问候，而是一种非常有必要的沟通。在导游解说过程中，导游员与游客刚见面都要说上几句应酬话，从而拉近彼此的距离，营造一种和谐的氛围，其具体要求如下：

（1）自然切题。可供寒暄的话题范围十分广泛，如常用的天气如何、身体如何、风俗民情、时政热点等。这些话题的选择也是有一定讲究的，话题的切入要自然不刻意。其中最容易的话题就是当地的风俗民情，这是导游引入讲解最好的铺垫。

（2）建立认同感。话题自然切入后，导游需要消除与游客之间的陌生感，建立双方的认同感。

（3）调谐气氛。在引入自然话题以及建立认同感后，加上寒暄时热情的态度、语言、表情以及双方表现出的对寒暄内容的兴趣，和谐的交流气氛自然而然地被创造出来，为下一步的导游交际奠定良好的基础。

（二）介绍的技巧

在导游讲解中，自我介绍是最为重要的环节。自我介绍到位，整个导游过程就会拥有一个非常好的开端，反之，自我介绍失误会造成一些不良影响，而这些不良影响是非常不容易挽回的。这就要求导游必须琢磨介绍的技巧，并且还要进一步考虑在介绍中如何配合恰当的眼神、手势、语气等，使得自我介绍达到理想的效果。自我介绍的要求如下：

（1）镇定自信。大大方方地报出自己的姓名，用友善的眼神表达关怀、愿望等信息，去传递自己的自信。导游如果流露出紧张的神态，游客就会觉得导游不够专业，这样游客就会对导游有所看法，与导游之间的交流就有了阻碍。

（2）掌握分寸。在进行自我评价时，不宜使用“很”“最”“特别”等程度比较重的词语，不可过度自夸，也不能过度贬低自己，可以采用自谦的做法，给游客留下良好、深刻的印象。

（3）注意繁简。重视游客关注的重点，注意自我介绍长短适宜。通常来讲，导游员的自我介绍主要包括姓名、年龄、籍贯、必要的带团经历、特长或兴趣等基本内容，如有需要，还可以介绍一下自己的导游资格、资历。当然，导游在自我介绍时应该根据具体场合的交际需要有所取舍。

（三）提醒与回绝的技巧

1. 提醒

导游服务中，导游经常会碰到少数缺乏群体意识的游客，这些游客由于个性或生活习惯会表现出迟到、独自活动、遗忘物品等行为。对于这类游客，导游应关心游客安全从而给予特别关照，在语言上适时地提醒。

提醒的方式有很多，除了直接的命令式（这种方式切忌使用），还有其他比较委婉的方式。导游处在服务人员的位置，首先应该尊重游客，其次要有服务意识，对游客的安全负责，游客的某些行为需要提醒时，应言辞委婉。导游提醒的语言要体现对游客的关心，使提醒能在和谐的氛围中被游客接受。提醒的语言方式具体有以下几种：

（1）敬语式提醒。敬语式提醒是指导游人员使用恭敬口吻的词语对游客直接进行提醒的方式，如“请”“对不起”等。导游人员在对游客的某些行为进行提醒时应多使用敬语，这样游客会易于接受，如“请大家安静一下”“对不起，您又迟到了”。

（2）协商式提醒。协商式提醒是导游人员以商量的口气间接地提醒游客的方式。协商将导游人员与游客置于平等的位置上，导游人员主动同游客进行协商是尊重游客的表现。一般来说，在协商的情况下，游客会主动配合。

（3）幽默式提醒。幽默式提醒是导游人员用有趣、可笑而意味深长的词语对游客进行提醒的方式。导游人员运用幽默的语言进行提醒，既可使游客获得精神上的快感，又可使游客在欢愉的气氛中受到启示或引起警觉。

2. 回绝

拒绝别人的意见或者要求叫作回绝。在导游服务中，导游常常会碰到游客提出的各种各样问题和要求，除了一些常见的问题和一些合理的、可以办到的要求可予以解释或满足外，也有一些问题和要求是不合理的或不可能办到的，对此就需要回绝。但是，由于导游同游客之间的服务关系，导游不便于直接拒绝，这时导游必须运用回绝的语言表达技巧。

（1）柔和式回绝。柔和式回绝是导游人员常用的比较温和的回绝方式。采取这种方式回绝游客的不合理的要求，可以在一定程度上避免导游与游客之间形成对立状态。

（2）迂回式回绝。迂回式回绝是指导游不正面回答游客的不合理发问或要求，而是绕过问题从侧面予以回绝。

（3）引申式回绝。引申式回绝是导游根据游客话语中的某些词语加以联想而产生新意的回绝方式。

（4）诱导式回绝。诱导式回绝是指导游针对游客提出的问题进行逐步分析，引导游客对相关的问题进行自我否定的回应方式。

（四）道歉与开场白的技巧

1. 道歉

导游服务过程是人与人交往的过程，在这一过程中不可避免会出现一些主观或者客观的冲突。比如导游人员个人的话语表达失误，又或者接待或者处理事务工作中有所欠缺等，这些都会引起游客心理上的不适和落差，这会造成双方关系紧张。这时，导游人员第一时间要做的不是追究任何一方的责任，而是要安抚游客情绪，必要时道歉认错也在所难免。这样做的目的是为了消除误会，缓和剑拔弩张的状态，让游客谅解。

（1）微笑式道歉。微笑是寒冬的暖阳、夏日的凉风，是缓解紧张气氛的润滑剂。如果遇到问题时，先将微笑传递出去，微笑可以代表说话人的态度，成为化解这场矛盾的载体。比如，导游人员在讲解长城这一伟大文明时，简单地介绍它建于秦朝，游客对此进行纠正并做出介绍后，导游人员意识到自己的回答过于简略，就可以通过传递微笑，让游客意识到导游自己已经认识到回答不当，不要再计较。

（2）迂回式道歉。迂回式道歉就是侧面向游客道歉并且取得谅解的手段。比如，在接待游客时，导游人员偶尔会顾此失彼，让一些游客心中认为其待人接物有所偏颇，导游人员有所觉察后，不会直接向游客道歉，而可以采取在接下来的时间内多多照顾这部分游客需求和心理的方式，侧面寻求游客的谅解，这样也能收到很好的效果。

当然，道歉方式多种多样，不同的情况选择不同的道歉方式以求达到最好的效果。导游还可以在寻求相关单位允许后，从纪念物、饮食或者其他方面给游客道歉。

2. 开场白

开场白的技巧实际上包括两个方面：一是第一次与游客接触时的一般开场白；二是在讲解每一个具体景点时的导游词的开场白。

（1）一般开场白。一般开场白是在第一次接待游客时开始的，而这种开场白也叫欢迎词。欢迎词的主要内容应该包括向游客问好，代表旅行社向游客表示欢迎，向客人介绍司机和车牌号，自我介绍，简要介绍当地气候等情况、下榻饭店概况、游览活动安排，说明必要的卫生、饮食、安全、购物等注意事项以及其他必要的内容等。

（2）导游词开场白。导游词开场白从结构的角度划分，可以分为完整式和简略式两类，完整式开场白大致包括问候、寒暄、自我介绍、欢迎、良好祝愿、明确游览目的等内容，简略式开场白至少要有问候、明确游览目的两项内容。从游览过程的角度划分，有预设开场白和现场开场白两种。从表达的角度划分，有叙述式开场白和抒情式开场白两类。

（五）结束的技巧

在导游交际中，结束的技巧包括两个方面的内容：一是在讲解完每一个具体景点时的结束语；二是跟游客最后告别时的结束语。在讲解完一个景点后，导游要善于把游客的注意力转移到下一个景点，并通过导游的讲解，激发游客的兴趣前往。向游客最后的告别，既要总结这几天游玩的内容，让游客们再次回忆美好的行程，也要表达出导游的惜别之情，欢迎他们再次前来。

二、导游态势语言的运用技巧

态势语言也就是日常说的动作语言，也叫人体语言和体态语言。简而言之，态势语言是通过肢体表达信息的一种手段，它也是表达情感态度的一种手段，在导游服务中起着很重要的作用，对有声语言起到辅助作用，有时候，体态语言的表达效果还会超出有声语言的表达效果。体态语言的种类多种多样，每一种体态语言都有自己独一无二的沟通技巧和意义展现，其在技巧运用方面也是千差万别，以下分别分析不同的体态语言。

（一）首语与表情语的运用技巧

1. 首语

首语是通过人的头部活动来表达语义和传递信息的一种态势语言，它包括点头和摇头。一般来说，世界上大多数国家和地区都以点头表示肯定，以摇头表示否定。而实际上，首语有更多的具体含义，如点头可以表示肯定、同意、承认、认可、满意、理解、顺从、感谢、应允、赞同、致意等。另外，因民族习惯的差异，首语在有些国家和地区还有不同的含义。在人与人交谈时，头部呈中立、侧斜或下垂状的首语分别传递着不同的信息。

（1）将头部保持中立状态，则表明对对方的讲话不感兴趣。

（2）会将头下意识地从一侧斜到另一侧，则说明对对方的谈话有一定的兴趣。

（3）将头下垂是一种消极的人体信号，往往是对对方的谈话缺乏兴趣所为。

当发现第三种首语时，有经验者往往就会立即停止谈话或更换话题，以免出现不愉快的局面。

2. 表情语

表情语就是字面意思，简单来说就是通过面部表情来传达信息，面部表情主要通过眉、眼、耳、口、鼻这些面部器官以及面部肌肉走向来传递信息。导游人员要善于利用表情语，学习一些相关技巧。令人舒适的面部表情一定是自然、放松的，所以导游人员的面部表情要尽可能自然、平稳，目光真诚。同时，导游人员要注意五官配合，尽量不皱眉头，额头曲线平稳，呈微笑状，笑肌略微收缩，嘴唇微微闭合。这样的面部表情才能够营造亲切感和舒适感。

微笑是人际交往中的利器，要善于微笑，经常微笑，给人甜美、开朗的感觉，对导游工作开展起到良好的作用。微笑时，笑肌适当收缩，嘴角微微上扬，眼轮机和口轮机同时动作，微笑幅度不宜过大，露半牙最适宜。导游员的微笑服务一方面能给游客留下良好的第一印象，表达对游客的尊重之意，创造融洽的交际气氛；另外一方面微笑也能成为打破僵局的方式，缩短双方之间的心理距离，有效地促进导游工作的顺利进行。

（二）目光语与服饰语的运用技巧

1. 目光语

目光语是通过人与人之间的视线接触来传递信息的一种态势语言。导游讲解是导游人员与游客之间的一种面对面的交流。导游在工作中可以随时观察游客情绪、心理等方面的变化，及时收集信息，及时调整讲解内容、表达速度、表达技巧等，以与游客进行最大限度的沟通。游客往往可以通过视觉交往从导游人员的微笑、眼神、动作、手势中加强对讲解内容的认识和理解。在导游讲解时，运用目光的方法很多，常用的主要有以下几方面：

（1）目光的联结。导游人员要善于运用目光语这种沟通方法。为游客讲解时，导游人员目光要真挚、诚恳、亲切、随和，传达出对人亲切、温暖的感觉。要做到以上目光传达，导游人员在工作中就要注意目光的控制。如果面部表情过于平稳，那么目光必定呆滞无神；如果讲解时目光不接触游客眼神，而是低垂，那这就会传达出不在状态的感觉；如果目光朝上，就会传达出傲慢无礼的感觉；当然还有一些视而不见、无视别人等，这些目光都会给人不适感。

（2）目光的分配。目光的分配就好比一名老师在课堂上讲课只看一部分学生，忽视另一部分学生，这肯定是不行的。导游在讲解时，要注意全部游客的反应，尽量做到不忽视任何游客。导游人员可以采取环顾的方式让每一名游客都意识到自己被关注。

（3）目光的移动。这主要针对讲解景物使用。导游人员在讲解某一处景物时，除了要面对游客之外，还需要学会目光的移动。简单来说，导游人员先将游客目光吸引到某一景物处，然后再将自己的目光转移到游客身上。这样的目光移动，可以使得游客更了解这一景物，也能够吸引他们的注意力，以此做到景物和游客双重关注，也能让游客觉得有所值。

2. 服饰语

服饰语就是通过所穿服装以及佩戴的饰品来传递信息的一种语言。每个国家、地区或者民族都有自己独特的服饰，这些服饰既可以反映当地的文化特色，也可以传达个人的生活习惯、生活品位、爱好以及文化素养等。当然，服饰也有很多讲究，比如款式、质地、颜色等，这些方面也可以折射出很多东西。比如服饰颜色偏深，那就折射出庄重、深沉之感；服饰颜色偏浅，那就给人清爽、轻快之感；蓝色能让人冷静，白色给人纯洁之感。

导游人员平时要注意服饰穿搭。每个人都追求美，穿衣打扮除了要符合自身条件、气质等，还需要契合自己的职业身份。尤其是导游人员所穿服饰，除了注意以上几点之外，还需要与讲解内容匹配，这样更容易传递美感。

（三）姿态语与手势语的运用技巧

1. 姿态语

姿态语言有三种，分别为坐姿、立姿、走姿。

（1）坐姿。导游人员的坐姿主要注意以下几点：上身保持自然，双膝并拢自然弯曲，双脚自然落地，臀部不可太靠后，也不需要太向前，椅子正中即可。男导游员可以自然岔开双腿，保持自信、豁达；女导游员就不能张开双腿，尽量自然合拢，这样更庄重、肃穆。遵循以上几点，导游人员即可传递出温文儒雅的感觉。

（2）立姿。导游人员的立姿要注意以下几点：肩平头正，目光平行，不轻佻浮躁；面带微笑，抬头挺胸，提臀收腹，双臂自然下垂摆放，不能慵懒懈怠；双腿并拢与肩同宽。还要注意双手不可随意交叉或者插口袋内，这些都会引起怪异感。

（3）走姿。走姿想要传达出轻盈感需要注意以下几点：行走时上身自然，保持挺拔状态，注意收腹，肩部平稳放松，双手自然摆动，幅度不要过大或者过小。与此同时，脚步轻盈利落，身体重心与步伐向前一致。眼睛的余光要多扫视游客，注意游客行走的快慢，调整自己的步伐。

在讲解时，导游人员多采取站姿。如果在车内讲解，导游人员要注意的是可以倚靠司机座椅后的护栏杆，面对游客讲解。在景点处，导游人员要站立讲解，双脚岔开与肩同宽，身体重心要落在双脚上，不能随意摇晃身体。上身要直立，双臂要自然下垂，展现精气神。与此同时，导游人员的双手可以放在背后，也可置于身前，这两种方式随讲述内容而选择。导游人员讲解时切忌卑躬屈膝，这样会给游客随意、轻佻、病态的感受。

2. 手势语

手势语主要有握手语、手指语以及讲解时的手势语三项。

（1）握手语。握手是人际交往经常使用的一种手势语。握手时，需要伸出右手相握，传达欢迎、告别等内容，又或者传递祝贺、理解等内容。

（2）手指语。手指语就是通过手指动作以及手掌动作来传递信息。手指语相对比较复杂，不同国家和民族对手指语的定义不同，这就需要导游人员在接待不同地区的游客时，提前了解游客当地的手指语习惯，选择合适的手指语传递信息，以免造成不必要的误会。

（3）讲解时的手势语。手势语有其独特的优势，在讲解内容时对讲述内容起到强调作用，有时还可以传递口头语言无法描述的内容，让讲解过程更生动、形象、有趣。导游讲解的手势语主要有以下三种：第一是情意手势，这种手势可以传达导游在讲解内容时的情感；第二，指示手势。指示手势是用来指示具体对象的一种手势；第三，象形手势。象形手势是用来模拟物体或景物形状的一种手势。

导游讲解时，如何运用手势，应视讲解的内容而定。在手势的运用上必须注意：①简洁易懂；②协调合拍；③富有变化；④节制使用；⑤避免使用游客忌讳的手势。

第三节　导游态势语言在语言交际中的辅助作用与原则

态势语言指的是载有一定信息的人的面部表情和体态动作。言语交际中，说话者的举手投足间往往能够影响言语信息的传递，影响言语的风格色彩。因此，如何提高语言表达效果就需要对态势语言加以探讨。以下主要对态势语言在言语表达中的辅助作用及其运用原则进行论述。

一、导游态势语言在语言交际中的辅助作用

态势语言在言语交际中的辅助作用主要表现为以下四点：

（1）明确言语所指。面对面的言语活动总存在说话者和听话者双方，有时所涉及的对象仅凭有声语言很难确定，伴随有声语言辅之以指向对象的态势语言（如使眼色、打手势、头部摆动等）就能将话语所指与具体对象联系起来，使听话者获得确切信息，这就是态势语言的指示功能。[1]

（2）补充、强化言语信息。在言语不足以充分抒发情感、表达内心体验的情况下，伴随言语的动作、表情、身势所透露的情感信息，客观上对言语起了补充作用。态势语言的这一作用古人已经有了清楚的认识："说之，故言之；言之不足，故长言之；长言之不足，故嗟叹之；嗟叹之不足，故不知手之舞之、足之蹈之也。"

（3）展示话语的条理层次。话语的表达效果与话语的条理性、层次性很有关系。面对面的口语交际除了运用词汇、句式、辞格等语言手段来体现话语的层次性外，态势语言也是话语篇章组织的一种重要的辅助手段。善于表达的人都很注意发挥这一手段的作用，"以姿势助说话"，将话语的内在层次直观地展示给听话人，留给对方明晰的印象。态势语言借助形象将话语抽象的逻辑层次展示出来，有助于听者完整、清晰地接受语言信息。

（4）增强言语的风格色彩。面对面的言语交际，既可"听其言"又可"观其行"，言语的风格色彩特别鲜明，这与态势语言的辅助作用密切相关。言语风格的创造主要依赖于语言三要素和辞格、篇章组织形式等具有风格色彩的语言手段，但不可否认，态势语言也可以烘托言语的气氛格调，具有一定的风格色彩。说话人的面部表情、体态动作与言语协调一致时，言语给人的风格感特别强烈。

---

[1] 曾毅平．态势语在言语交际中的辅助作用 [J]. 语文建设，1991（10）: 12-15.

二、导游态势语言在语言交际中的运用原则

以上着重分析了态势语言在言语交际中的辅助作用，作为言语表达的一种辅助手段，实际运用态势语言时应掌握以下原则：

（1）数量原则。态势语言的运用有一个量的问题。口语表达毫无动作表情不行，体态动作过多也显得滑稽可笑。过多的态势语言还容易分散对方的注意力，削弱言语的力量。所以态势语言的运用要适量，力求精练、简洁。

（2）语境原则。正如语言运用要适应题旨情境一样，态势语言的运用也要与题旨情境相切合。动作表情的频度、强度、幅度、向度的变化形成不同的态势语言类型。言语交际中应针对交际目的、内容、对象、环境等题旨情境因素调控态势语言诸变量，力求体态动作、面部表情与题旨情境和谐一致。

（3）协调原则。协调性原则包括三方面意思：一是态势语言要与有声语言协调一致，有助于补充或者强化语言信息；二是体态动作、目光表情本身协调一致，不矫揉造作，给人和谐自然的美感；三是态势语言的运用要与社会文化背景协调一致。

第四章　导游服务的主客体及体系规范

随着生活水平的逐渐提高，旅游已成为人们生活的高级需求，在旅游过程中，导游发挥着举足轻重的作用。本章重点围绕导游服务的主体与客体、导游服务体系与服务规范以及导游服务质量评价指标体系构建展开论述。

第一节　导游服务的主体

一、导游服务人员的角色

（一）角色的概念

角色一词最早见于戏剧、电影等艺术，表演者通过扮演某一类人物影响观众的情感认知。随着社会的发展，角色被引入到社会心理学中，以表现人物社会化行为被人熟知。个体通过社会化角色表达自己在社会及团体中的人物关系，从而形成一定的行为模式。

每一个人在一定的时间和场合下都处于社会中的某一位置上，承担着一定的社会角色。每一种社会角色都代表着一套社会行为模式及行为标准，即行为规范。由此可见，社会角色规定了一个人在一定社会位置上的行为规范，体现了社会对个人职能的划分，指出了个人在社会生活中和社会关系中的身份和地位。[1]

在社会生活中，人们常常自觉或不自觉地根据一个人所处的社会角色来评价他（她）的行为。如果个人的行为和社会角色行为一致，则会得到社会的认同，得到所在社会群体的较高评价，个人也会有自我认同感以及随之而来的荣誉感和成就感。反之，如果个人的行为和社会角色要求不符，则会受到社会和所在社会群体的谴责和排斥，个人也会有沮丧、挫折感，甚至引发反社会行为。

一个人在一定时间内扮演的社会角色可能不止一种，同样一个人在不同时间扮演的社会角色也可能不一样，这是由个人所处社会关系的复杂性和多变性决定的。个体在社会中所扮演角色的多样性和易变性要求人们具备角色学习、角色认

---

[1] 陶汉军，黄松山．导游服务学概论 [M]. 北京：中国旅游出版社，2003.

知能力和处理角色冲突的能力。

角色学习属于社会性学习，指的是个体在角色学习中的社会行为符合某种特定的社会规范，不仅体现出角色的态度和情感，还体现出角色的责任、权利和义务。以角色行为表现社会身份及地位，判断他人及自身行为是否符合角色规范的要求，这便是角色认知的构成。角色冲突是个体行为与来自外界对其所扮演的角色期望（要求）产生矛盾而引起的内心冲突，以及在角色扮演上左右为难的现象。在导游服务活动中，导游人员要不断地加强角色学习，培养角色认知能力，正确处理好角色冲突，从而更好地为游客提供服务。[1]

（二）导游人员角色定位分析

在导游服务中，导游人员扮演的角色如何与游客互动交流是导游角色定位的关键。导游人员的职业角色是在旅游活动中导游人员服务于游客这种职业关系中形成的。因此，导游人员角色是由社会对导游人员的职业要求决定的导演，即取决于社会对导游人员的角色期望，更具体地说，导游人员角色决定于游客对导游人员服务的要求。

国家技术监督局发布的《导游服务质量》标准（GB/T 15917—1995）对导游人员这一职业的服务质量和导游人员素质要求做出了基本规定，以国家标准的形式反映了社会对导游人员的“角色期望”。例如，2019 年 12 月 13 日，由江西省文化和旅游厅主办、南昌师范学院承办的全省导游服务质量提升班在南昌市君来大酒店圆满落幕。此次培训班为期 4 天，有来自全省 11 个社区的 130 多名导游员和讲解员参加了培训。

全程陪同导游人员作为组团社的代表，基本职能是衔接旅游团移动的各环节，全程参与旅游活动，监督接待计划，全面协调司机、地陪、领队等旅游接待人员协作关系，妥善处理旅游中各方面的关系及问题，统筹安排旅游活动中的食宿、购物、文娱等计划，与地方陪同协调处理旅游团在本地的迎送工作。海外旅游领队作为具有经营出境旅游业务旅行社的代表，是出境旅游团的领导者和代言人，负责旅游团全旅程的组织、协调和旅游团内部的团结工作，代表旅游团维护游客的合法权益，向目的地旅行社反映游客的意见、要求、建议和投诉，保证旅游活动安全、顺利地进行。[2]

扮演导游角色除需遵守导游服务规范外，还应具备导游人员的基本素质。作为一个合格的导游人员，必须具有爱国主义意识，在为游客提供热情有效服务的同时，要维护国家的利益。作为合格的导游人员，必须具有较强的法律意识和高

---

[1] 杨连学 . 导游服务实训教程 [M]. 北京：旅游教育出版社，2010.

[2] 王建民 . 出境旅游领队实务 [M]. 北京：旅游教育出版社，2007.

尚的职业道德。导游人员应认真学习和自觉遵守国家法律、法规和规章制度，讲究文明礼貌，自觉遵守社会公德；导游人员应热爱本职工作，不断检查和改进自己的工作，努力提高服务水平；导游人员应有较高的职业道德，认真完成旅游接待计划所规定的各项任务，维护游客的合法权益。作为一个合格的导游人员，还必须具备较强的业务能力，渊博的知识、整洁、得体的仪容仪表。不管持何种语言进行导游讲解，都应做到语言准确、生动、形象，富有表达力，同时注意使用礼貌用语。导游人员应具有较广泛的基本知识，尤其是政治、经济、历史、地理，以及国情、风土习俗等方面的知识。导游人员应举止大方、端庄、稳重，表情自然、诚恳、和蔼，努力克服不合礼仪的生活习惯。为了做好导游工作，导游人员还应具备较强的组织、协调和应变能力。

根据现代旅游业发展对导游服务的职业要求，导游角色是以下社会角色的融合体：

（1）向导。导游服务的雏形是向导服务。随着时代的发展，现代导游服务的内容已远不止向导服务，但向导服务依然是导游服务的一项基本内容。特别是在地陪导游服务中，导游人员要在景区（景点）内引领游客沿着最佳游览线路活动。

（2）讲解员。导游服务的中心内容是导游讲解，即以口头语言辅以体态语言向游客传递关于旅游目的地及所游览景点的自然、历史、文化、政治、经济及民俗风情等信息，满足游客到旅游目的地娱乐、求新、求异、增长见识的心理需求。作为一个成功的讲解员，需要掌握高超的讲解艺术，具有良好的语言表达能力，能够使用通俗易懂、富有感染力的语言，深入浅出地讲明事物的性状和知识内涵。

（3）服务员。在旅游活动中，导游人员担负着安排游客起居休息、日常餐饮、娱乐购物等旅行生活服务，同时扮演着生活服务员的角色。游客在旅游过程中遇到的生活问题，如饮食不习惯等，都需要导游人员协助处理。

（4）宣传员。导游人员担负着向游客宣传我国悠久的历史文化和社会主义制度的职责，担负着增进不同国家、不同地区人民彼此之间的了解、理解，进而维护世界和平的神圣使命。海外来华游客大都希望了解中国的社会制度、经济建设和人民的生活情况，导游人员应主动热情地向他们宣传我国的社会主义制度和各项基本国策，向他们宣传改革开放 40 多年以来我国经济建设取得的成就，向他们宣传我国各族人民勤劳奋斗的精神以及追求幸福生活和世界和平的理想。作为社会主义国家的导游人员，在进行涉外导游服务时，应有正确的政治立场和政治方向，要以积极的姿态，将上述宣传的内容有机地融入导游讲解、日常交谈和游览娱乐中。

（5）安全保卫员。在旅游活动中，导游人员要时时刻刻关注游客的人身和财物安全。在拥挤的场所，导游人员要经常提醒游客看管好个人物品；在游客入住宾馆后，导游人员要检查宾馆安全设施，适当提醒游客注意安全信道的位置；在可能发生危及游客人身和财物安全情况时，导游人员应向游客做出真实说明和明确的警示，并采取防止危害发生的措施；在发生危及游客人身和财物安全紧急情况时，导游人员要挺身而出，采取果断措施，保护游客人身和财物不受损害。

（6）促销员。导游人员在进行导游讲解时，同时也是对所在的旅行社和旅游目的地的人文、风俗和景观（景点）进行促销。如果经过导游人员的讲解和服务，游客在旅游目的地获得了丰富的旅游经历和体验，旅游心理需要得到了极大的满足，他们返回居住地后，就会向周围的亲朋好友做口头宣传。这种口头宣传既有利于提高旅行社的形象和知名度，又为旅游目的地争取了潜在客源。导游人员通过优质服务争取“回头客”，并通过游客口口相传，扩大客源，是最有效的旅游产品促销方式。

（7）“民间大使”。对于接待入境旅游团的导游人员来说，他们的一言一行都代表着国家的形象。在游客的心目中，导游人员是一个国家的代表，是其人民的友好使者，是“民间大使”。导游人员在工作中和不同国家和地区的游客进行交往，和来自不同的境外游客广结朋友，帮助他们认识中国，促进他们与中国人民之间的相互了解，增进友谊，实际上起着“民间大使”的作用。要做好“民间大使”，导游人员一方面要具有强烈的民族自尊心、自信心和民族荣誉感；另一方面又要尊重其他国家人民的文化传统和生活习惯。

我国导游人员的上述角色是由两方面因素决定的：第一，职业性质。身处旅游接待服务第一线、直接为游客提供旅游活动过程中各项服务决定了导游人员角色的基本定位；第二，社会主义根本制度。它向我国导游人员提出了更高的要求，决定了我国导游人员的角色有别于其他社会制度下的导游人员。

（三）导游人员角色学习与认知能力

导游人员为使自己的言行符合导游角色要求，按照游客的需要提供高质量的导游服务，就必须不断地进行角色学习，即学习导游工作所需要的知识、技能，培养对游客服务的情感和态度。

角色学习贯穿于导游人员从事导游服务工作的始终，只有不断地进行角色学习，培养强烈的角色意识，才能做好各项导游服务，才能使导游艺术日臻完善。进行角色学习不是学习导游角色的某个方面，而是综合学习导游角色的各个方面，其中既要学习导游讲解所需要的各方面的知识，又要掌握导游服务的各项规程；既要学会和游客交往与沟通，又要学会处理和解决旅游活动中的突发事件；既要锻炼提高个人的口语表达能力，也要不断学习提高个人的书面表达能力。总之，导游人员要进行全方位的角色学习，处处留心皆学问，这样才能不断地提高导游服务质量。[1]

此外，导游人员还要有意识地培养角色认知能力。导游人员在工作中，要接触来自不同社会阶层、不同职业的游客，只有根据不同游客的言行、举止准确地判断他们的社会地位和身份，才能针对不同社会地位和身份的人的不同心理需要提供个性化的服务。导游人员要做有心人，善于从游客的表情、态度反映来判断介入行为是否符合了他们的需要，找出角色差距，不断调整言行，使游客满意。具有角色认知能力是导游人员做好导游服务工作的基本功。

（四）导游人员的角色冲突、一致及转换

1. 导游人员的角色冲突

导游人员在从事导游服务工作中，经常会遇到角色冲突。只有正确对待并采取应对措施解除角色冲突，提高角色适应力，才能将导游服务工作做得更好。导游人员角色冲突主要有以下几种情况：

（1）由导游人员角色人格和导游人员真实人格之间的矛盾所引起的角色冲突。导游人员的职业角色需要导游人员待人热情、大方、开朗、健谈，要有较强的观察力，要善于发现游客的需要并及时予以满足，但如果一个导游人员性格内向，不善言谈，也不会关心别人，就不容易扮演好导游角色。此时导游人员的真实人格与其角色人格便产生了不一致，从而形成了角色冲突。在这种情况下，导游人员应通过主观努力完善自己的人格，逐渐缩小真实人格与角色人格间的差距。如性格内向的人应主动和游客多交往、多交谈，不善言谈的人要加强语言基本功和演讲能力的训练，以便在工作中对游客进行生动、流畅的导游讲解。

（2）由游客心理需要的多样性所引起的角色冲突。游客的心理需要多种多样，各不相同。导游人员在提供导游服务时，要面对旅游团中所有的游客。如果导游人员只能满足部分游客的需要，而不能照顾每一位游客，就会导致其他游客的不满。在这种情况下，需要导游人员做好对游客的说服工作，协调游客间的不同意见，争取旅游团中绝大多数人的支持和理解，使服务让绝大多数游客满意。与游客的沟通和协调能力是导游人员必须掌握的基本功之一，也是解决由于游客意见不一致引起导游人员角色冲突的制胜法宝。导游人员在工作中，要努力培养和锻炼同游客的沟通和协调能力。

（3）工作角色和生活角色之间的矛盾引起的角色冲突。导游人员在工作中担负着为游客服务的角色，但在生活中则扮演着和工作角色迥异的角色。如果工作

---

[1] 王有路. 导游艺术 [M]. 广州：广东旅游出版社，2004.

角色和生活角色都需占用导游人员很多时间和精力，就容易导致角色冲突。

（4）在需要进行角色转换时固有角色和临时角色之间的矛盾引起的角色冲突。导游人员在工作中，为了更好地完成为游客服务的任务，有时需要进行角色转换，暂时退出固有角色，即导游角色，扮演所需要的临时角色。固有角色是导游人员非常熟悉的工作角色，临时角色则是导游人员不很熟悉的角色，因此不容易扮演好。如在旅游团中有游客突患重病，在游客亲属不在身边的情况下，导游人员需要暂时担任医院陪护角色。由于导游人员一般没有接受过医务护理方面的专业训练，接受这一角色具有一定的挑战性，也易引起角色冲突。在这种情况下，需要导游人员事先对临时角色有足够的准备，平时多积累一些可能用到的临时角色知识，在扮演临时角色时，要尽心尽力，恪守新的职责。

2. 导游人员的角色一致

导游人员遇到的角色冲突是多种多样的，但解决角色冲突的目的都是为了达到角色一致。角色一致是指导游人员在一定时间、一定场合中的言行举止完全符合他（她）当时扮演的角色的要求。能够达到角色一致表明导游人员能很好地履行职责，工作表现良好，所提供的服务能使游客满意。

3. 导游人员的角色转换

角色转换是指导游人员根据导游服务需要，从一个角色的扮演转入另一个角色的扮演，并以新角色的规范来约束行为过程。导游服务的对象是来自不同文化背景、年龄、性格、职业、社会地位各异的游客，为了最大限度地满足他们的需要，导游人员在特定情况下有必要进行角色转换。导游人员在工作中的角色转换大致有以下形式：（1）导游与游客互换角色。与游客交流过程中，导游应当以游客为中心，站在游客的角度思考及处理问题，增强彼此之间的沟通交流，制订有利于游客旅游的旅行计划，维护游客的合法权益，确保游客度过一段愉悦的旅程；（2）在导游服务角色、其他服务角色之间完成暂时转换。在整个旅行过程中，导游以旅行社的名义全面负责旅行团的食、住、行、游、购、娱等活动。这就对导游的专业技能提出较高的要求，一旦游客出现特殊需求，导游需拿出相应的解决方案完成相关服务，比如游客突然患病，导游就要扮演医生的角色；游客有计划外购物需求，导游需发挥导购员的作用。只有这样，导游的服务质量才能得到游客认同，为塑造良好的导游形象和服务风格起到十分关键的作用；（3）导游人员和有关旅游接待服务部门间的角色转换。这种角色转换形式发生在不因主观因素改变的情况中，比如天气所致航班延误或火车改签，导游无法提供完善的接待服务，接待计划失败，游客无法如期完成旅行。这种情况下，导游人员需站在相关旅游接待服务单位的立场，妥善处理游客遇到的一系列问题。不过，一旦游客对接待单位提供的服务要求过高，导游人员也可暂停服务，终止角色转换。

二、导游服务人员的从业素质

我国旅游业的快速发展和国际国内旅游市场游客需求的变化，对导游人员的素质提出的要求越来越高。20 世纪 60 年代，我国旅游界将当时的翻译导游人员应具备的素质概括为“三过硬”：即思想过硬、业务过硬和外语过硬。现在看来，这三方面要求仍然适用于今天的外语导游人员。但是，现阶段国际、国内游客的需求发生了较大变化，而且旅游业已成为我国国民经济新的增长点之一，旅游业的经营体制发生了很大变化，旅游管理、相关法规也日臻完善。这些变化不仅要求导游人员要有上述三个方面的过硬本领，而且在观念上、角色上和作用上有新的变化。[1]

在观念上，导游人员要具有市场观念和产品质量意识；在角色上，导游人员是导游服务的供给者，应以满足游客的正当需要为目标；在作用上，导游服务已具有帮助游客实现对旅游产品消费的功能和旅游产品价值与使用价值实现的功能，从而为旅游产品的生产和再生产创造了条件。因此，现代导游服务是旅游产品生产和再生产中的一个环节，它既是一种服务（在某种意义上是一种生产），又是一门专业和艺术。一名合格的导游人员首先应具有良好的服务意识、广博的导游知识、娴熟的服务（生产）技能，同时也应具有导演的水平和演员的本领。具体来说，导游人员的从业素质可归纳为以下几方面。

（一）导游人员高尚的思想品德

导游从业者需具备高尚的思想品德，践行社会主义核心价值观，把养成高尚的思想品德视为必修课。

（1）具有爱国主义意识。导游从业者需具备爱国主义思想，以热爱祖国、颂扬祖国为讲解的核心内容，把社会主义建设取得的伟大成就讲给游客。在游览过程中，游客不仅可以更深了解祖国的社会主义制度，其爱国主义热情也将被激发。导游生动的讲解可以提升游客的旅行素养，进一步加深其对中国五千年文化的认识。

（2）遵纪守法。遵纪守法是每个公民的义务，导游人员作为旅游行业的形象和代表，更应成为遵纪守法的典范。导游人员不仅要遵守旅游业的法规、规章和制度，严格按照《旅行社管理条例》《导游人员管理条例》和《导游人员管理实施办法》等法规规定从事导游服务工作，而且还要遵守国家的法律、法规，在导游活动中依靠法律武器，维护游客和导游员的权利。

（3）具有敬业精神。导游工作是一种高强度服务性劳动，极为考验导游从业

[1] 蒲阳．导游业务 [M]. 北京：机械工业出版社，2009.

者的基本素养，比如大爱无私的精神和尽善尽美的服务意识。导游从业者需具备高度负责的工作态度和不怕吃苦的精神，在工作中对自己高要求，刻苦钻研专业业务，爱岗敬业，全身心投入到工作中，做一个合格的导游。

（二）导游人员合理的知识结构

所谓言之有物，行而远之。导游从业者在导游讲解中融入丰富的知识，能引起游客的兴趣，产生共情。

（1）政治、经济和社会知识。导游具备这方面的知识，有利于为那些海外游客解决有关国家政治、经济及社会问题，这类游客通常旅居海外，对于中国的政治、经济体制及改革方向充满兴趣，如果导游多讲解这方面的内容，游客将会得到满意而舒心的旅行。

（2）史地、文化、民俗知识。游客在旅游过程中常常会遇到各种景观，他们迫切想了解这些景观背后隐藏的故事，这就需要导游储备大量有关民俗、文化、地理及历史等方面的知识，将其融入导游词中，为人文旅游景观赋予更深层次的文化内涵，让自然景观因为历史典故、名人轶事、风俗人情、民间传说等变得生动起来，从而引发游客睹物思怀，感受旅程的丰富多彩，得到诸多美的享受。

（3）政策法规知识。导游是旅游业的代言人，是一个国家的形象大使，他们的一言一行与国家形象密不可分，在导游过程中，一旦遇到有违国家法律法规的事情出现，导游应当拿起国家法律法规的武器，用相关的政府法规知识维护自己的合法权益，让游客在合法合理的范围内度过一个舒适、和谐的旅程。

（4）心理学和美学知识。导游需具有心理学和美学知识，便于在旅游中为游客提供有关大自然、民俗风情及历史文化遗迹等方面的知识，增强游客丰富的旅游体验，感受旅游的乐趣，从旅游中感受美。

（5）旅行交通、食宿等业务知识。导游不仅是游客观光的讲解员，还是游客居家旅行的好管家，为游客提供交通、食宿等安全舒适的旅行服务，比如安全救护知识、货币知识、邮电通信知识、卫生防病知识、航空行李托运、铁路交通运输和公路交通运输知识、民航票务知识、出入境手续的办理等。[1]

（6）客源国（地）知识。不同的旅游地域，有着不同的文化风俗，针对这种文化差异，导游人员需要掌握一定的客源国（地）知识，比如该地域的民族、风土人情、历史、地理、文化等，以文化使者的身份为游客答疑解惑，将当地的生活习惯、文化传统与导游人员的生活习惯及价值观进行融合，帮助其理解不同地域间的文化差异，化解文化差异引发的矛盾及冲突。

---

[1] 范黎光．导游业务 [M]. 北京：机械工业出版社，2003.

（三）导游人员较强的业务能力

导游人员除了应具备上述各种知识外，还应具有导游服务必需的各种能力，即语言表达能力、组织协调能力、人际交往能力、应变能力或紧急问题处理能力等。

（1）语言表达能力。导游需要具备优秀的语言表达能力，而语言表达能力包括口头语言、体态语言两种表达方式，口头语言需保持流畅的语言、适中的语速、清楚的语音等，体态语言则与口头语言形成呼应，两者结合可达到表情达意的效果。导游的语言表达能力是做好导游服务的基本保障，导游应当在实践中不断提升自己，与游客形成良好的沟通，更好地为游客提供旅游服务。

（2）组织协调能力。游客在旅游中的行程、食宿等问题都需要导游解决，导游以组织者和协调者的身份参加到整个旅行过程中，充分协调旅行车司机、景点、饭店等方面，确保旅游过程的各环节有序衔接，推动旅游计划合理实施，为游客提供顺畅、舒心的服务。

（3）人际交往能力。导游需掌握一定的公共关系知识，加强与游客沟通交流，通过相应的沟通方式及技巧，为不同处事态度、个性特征的游客提供针对性的服务，产生共情。此外，导游应当与领队、旅游接待单位及其他导游人员建立友好往来，起到沟通桥梁的作用，为游客打造舒适的旅游空间。

（4）应变能力或紧急问题处理能力。导游出色的应变能力能够让游客在突发事件或紧急状况中平安无事，尤其遭遇泥石流、地震、山体滑坡等自然灾难，导游应当第一时间拿出应对策略，及时处理游客遇到的问题，保护游客生命健康安全。

（四）导游人员的身心健康

导游服务既需要高度的智慧，又需要充沛的体力，它是一项脑体结合的工作。所以，导游人员必须是一个身心健康的人。随着时代的发展，健康的概念已不仅仅局限于身体的强壮和生理上无疾病，还包括精神上的良好状态和心理上的无障碍。对于导游人员来说，心理健康更为重要。导游人员外出带团时，往往承担着较大的精神压力，担心不能很好地完成带团任务，担心不能得到游客的认同，担心领队不配合工作，担心带团期间家中的事务，凡此种种，都可能成为导游人员的心理负担。如果导游人员不能进行自我心理调适，化解或分散各种心理负担，就容易产生工作热情下降，和游客关系紧张等症状，从而影响工作的顺利开展。

三、导游服务人员的职业形象

导游服务人员的职业形象是指导游人员在导游服务中所呈现出来的与其从事

的职业相匹配的外部表征，即导游人员的仪容、仪表、仪态和礼节、礼貌。导游人员的素质是隐性的，而导游人员的职业形象则是外在的。一名合格的导游人员应是优良的素质和良好的职业形象的完美结合。

（一）导游服务人员的仪容、仪表

仪容、仪表即人的外表，一般来说，包括人的容貌、服饰等方面。在导游服务中，仪容、仪表是不可忽视的因素，因为良好的仪容、仪表能够给游客美好的第一印象，有利于赢得游客的信任和配合。导游人员注重仪容、仪表，既是对游客的尊重，又是对自己的尊重，同时也是所从事工作的要求。一般来说，导游人员的仪容、仪表应符合以下要求：

（1）服饰要求。在旅游活动过程中，导游人员自身也是游客的审美对象，其服饰也是游客审美的一部分。为此，导游人员的衣着要整洁、大方、得体，和自己的年龄和身份相匹配。导游人员一般不应穿过于鲜艳或怪异的服装，避免给游客不庄重的感觉，也不应穿色调过于暗淡的衣服，以免给游客过于严肃、难以接近的感觉。除必要的饰物（如手表、领带夹、项链、戒指）外，不宜佩戴耳环、手镯、别针等饰物。

（2）容貌要求。容貌反映了一个人的精神面貌，对于导游人员来说，容貌端庄是其从业的基本要求。因此，导游人员应适度地注重自己的容貌修饰，以给游客留下较好的印象。具体来说，导游人员的头发要经常梳理，保持清洁和整齐，发型要朴实大方。男性不留长发，女性也以短发为宜。牙齿要保持洁净，要坚持早晚刷牙，饭后漱口。带团前最好不要吃葱、蒜、韭菜等有异味的食物，必要时可嚼口香糖来清除口腔异味。面容要保持光泽，女性可施淡妆，男性要常刮脸，不要留胡须。指甲要常修剪，保持指甲清洁，不要留长指甲，也不要涂过艳的指甲油。

（二）导游服务人员的仪态

仪态是指人的姿态，即人们日常行为中的姿势和风度。优雅的举止、洒脱的风度常常为人们羡慕和称赞，能给人们留下较深的印象。导游人员具有良好的仪态有利于赢得游客的信任和尊重。仪态包括以下几方面：

（1）站态。站态是指一个人站立的姿势。导游人员在站立时要注重站姿的优美和典雅。站立时身体重心要放在两脚之间，不要偏左或偏右；胸要微挺，腹略微缩，腰直、肩平；两眼平视，面带笑容；双肩舒展，两臂自然下垂，身体重心可轮流放在左脚或右脚上，但应注意双手不可叉腰，不可抱在胸前，不可插入口袋。

（2）步态。步态是指一个人行走时的姿势。导游人员的步态应是轻盈而稳健。行走时，要保持上体正直，不低头，目视前方，双臂自然向前后摆动，肩部放松，挺胸、收腹，重心稍向前。行走时步伐要适中均匀，步位平直，双脚内侧基本落在同一直线上。行走时切忌驼背、斜肩、左右摇摆，不可手插裤兜，脚蹭地面。

（3）坐态。坐态是指一个人坐在物体上的姿势。导游人员的坐态要端正、娴雅，上体要坐直，两腿自然弯曲，双脚平落地上，双膝靠拢，臀部坐在椅子中央，两手放在膝上，或搭在扶手上，或相交于腹部前，胸微挺，腰伸直，目平视，面带笑容。男性坐下时，两膝间距离保持约一拳为宜，女性双膝应并拢，切忌分腿而坐。不论男性或女性，坐下时均不应高跷二郎腿。

（4）表情。表情是指一个人的面部姿态，是人的思想感情的外部体现。导游人员在进行导游服务时，要学会成功地运用表情，通过表情给游客热情、诚恳、耐心、周到的感觉。导游人员要经常面带微笑，在导游讲解中要始终面带微笑，对游客提出的问题，要微笑着给予回答。

（三）导游服务人员的礼节

讲究礼貌、礼节是社会文明的一种体现，也是社会对每一个公民的要求。导游人员的工作是旅游服务业的窗口岗位，更应以身作则，讲究礼貌、礼节。具体地说，常用的导游行为礼节主要有以下几方面。

1. 见面礼节

见面礼节主要探讨以下几方面：

（1）介绍和自我介绍。介绍和自我介绍是人们交往的开端。在做自我介绍时，要讲清自己的姓名和单位。在介绍他人时，要注意先把男子介绍给女子，先把职位低的人介绍给职位高的人，先把年轻人介绍给长者，先把主人介绍给客人。

（2）握手。握手是较为常见的见面礼节形式。握手时，如果对方是年长者或身份高者，应先向他致意问好，待对方伸出手后，才能握手，用双手握以示尊敬；男女握手时，一般等女方先伸手；握手一般用右手；握手时应目视对方，不要旁顾他人；男子在握手时应先脱下手套和帽子，女子则可以带纱手套。

（3）拥抱。拥抱是欧美国家间通行的见面形式，以表示亲热。在日本和韩国，鞠躬是常见的见面形式，而在东南亚信奉佛教的国家，合掌这一佛教见面礼节则较为常用。

（4）交换名片。交换名片是现代人越来越常用的一种见面礼节。递名片时，要微笑地注视对方，双手或用右手将名片递给对方，名片的正面向上。接受名片时，要用双手，接到后要认真看一下再放入口袋。

2. 交谈礼节

交谈是导游人员和游客交往的一种普遍形式。导游人员在和游客交谈时，首先态度要诚恳。交谈时，交谈双方要视具体情况保持一定的空间距离。在多人交谈时，不要只同一两个人说话而冷落在场的其他人。交谈过程中如有急事要离开时，要向客人表示歉意，并说明原因。交谈要选择双方感兴趣的话题，避免谈论容易引起争论和过于严肃的问题。在社交聚谈中，一般不应问女士的年龄、婚姻、履历、工资收入、家庭地址等。

3. 宴请礼节

宴请是常见的交际活动，也是旅游活动中常见的活动。在参加宴请时，导游人员应注意遵循以下礼节要求：

（1）参加宴请时，应准时抵达宴会地点；就座时应听从主人的安排，不可随意乱坐；不可玩弄餐桌上的酒杯、刀叉等餐具；落座后待主人招呼后方可进餐；取菜时不要取得太多；在主人或宾客致辞、祝酒时，应暂停进餐，并注意倾听。

（2）在宴会过程中一般不吸烟，除非主人请客人吸烟。敬烟时，应先敬长者和女士。在席间，要尽量和左右邻座客人谈论一些愉快的话题。喝咖啡时，不可用茶匙一勺一勺舀着喝，喝的时候，茶匙应放在茶盘上而不能放在茶杯里，应左手端盘右手拿杯。西餐吃水果时，不要整个拿着吃，应先用水果刀切成小块状，去皮去核后再吃，香蕉剥皮后，用刀切成小块再吃。

4. 日常交往礼节

日常交往礼节是指导游人员在日常活动中和游客交往时所应遵循的礼节，主要包括以下几方面：

（1）导游人员在清点游客人数时，不要用导游旗来回比画，也不要用手对着游客指指点点，而应采用默数，即用右手自然垂下，用弯曲手指来记数。导游讲解时不要抽烟，不随地吐痰，不乱扔杂物。在带团行走时，不要搭人肩膀；候车、等人时不要蹲歇。

（2）导游人员进入游客房间，一般应事先电话约定，进门前先按铃或敲门，不得擅自闯入。在游客房间内，不要触摸客人的行李物品和书籍等，不要随意借用客人的电话。

（3）男性导游人员要自觉遵守西方社会人际交往中“女士优先”的传统礼仪。在过道上相遇时，男子要为女士让道；两人同行，男子要走在外侧；进入室内时，男子应为女士开门，让女士先行。坐车时，男子要给女士开车门，让女士先上，男子则绕到另一侧的车门上车；下车时，男子先下，为女士打开车门，协助女士下车。上楼时，女前男后，下楼时，男前女后，以便助行。进入电梯时，女士在前，男子在后，下电梯时，男子应让女士先行。女子入座时，男子要帮助其入座；女子起立离座时，男子要帮助把椅子先往后拉，待其离座后，再把椅子推回。与女子共餐时，让菜和敬酒都要先女后男；男子要吸烟，应征得女子的同意。女子有东西掉在地上时，男子应主动帮助拾起来。

第二节 导游服务的客体

游客是导游服务的客体，即导游服务的对象。导游人员要做好导游服务工作，必须首先了解游客的需要，洞悉和把握游客的心理及其变化，观察和注重游客的行为表现，从而为有针对性地提供导游服务创造前提条件。

一、旅游需要分析

（一）旅游需要的主要特点

旅游需要同其他需要既具有相同的特点，也有其不同的特点，其主要特点有以下几方面。

1. 旅游需要的指向性特点

旅游需要的指向性是指人们出游往往具有要为之实现的某种目标。不同的人有不同的目标，例如，商务游客是为了在异地开拓市场，从事商业经营；度假游客是为了暂时避开工作，进行一段时间的休息以消除疲劳；一些游客以到知名的旅游目的地和旅游景点为目标；另一些游客则以到人们很少去的陌生的地方为目标，以寻求刺激。形成旅游需要这一特点的主要原因是，人是有意识的动物，其行为是由意识来支配的，即由一定的目标来导向。人们选择满足需要的目标时，依据的是个人的经历、所处的社会环境、文化价值观、身体状况以及目标的可接近性。

2. 旅游需要的差异性特点

旅游需要的差异性是指在旅游需要共性的前提下不同游客存在着不同的具体要求。一般来说，各种类型的游客在旅游过程中既有物质的需要，也有精神的需要。然而不同的游客除了需要的程度有差别外，还存在着对这些需要的具体要求上的差异。例如，同是住宿需要，有的游客追求舒适，要求住四星级以上饭店的客房，而有的游客则讲究经济实惠，希望住三星级以下饭店的客房。同样，同为观光旅游团成员，他们基本旅游需要相同，即观光游览，然而他们的具体要求可能存在较大差异，有的游客醉心于自然风光，而有的则对民族历史文化情有独钟。旅游需要的这一特点来源于游客的社会背景、经济条件和心理特征等方面的差异性，它包括游客的性别、年龄、职业、受教育程度、性格、兴趣、爱好等。注意旅游需要的差异性对于做好导游服务工作尤为重要。

3. 旅游需要的多样性特点

旅游需要的多样性是指人们旅游过程中需要的多面性和广泛性。广泛性指的是需求的范围较广，多面性是指需求的内容在性质上的不同。从性质上说，旅游需要包括物质需要和精神需要。其中物质需要包括食物、客房、交通工具、旅游景观、购物品、娱乐设施等。它们分别满足游客的食、住、行、游、购、娱的需要。精神需要包括发展需要和享受需要。它们虽然难以再进行细分，但它们贯穿于旅游活动的各个方面。旅游需要的多样性表现为旅游消费的综合性。

4. 旅游需要的动态性特点

旅游需要动态性是指人们的旅游需要和其目标总是在不断地增加和变化。一般来说，当人们设定的目标没有实现时，他会为此继续努力，而当设定的目标实现以后，人们会为自己设置新的或更高的目标。主要有三方面的原因：

第一，需要具有反复性，不可能得到永远的满足。从旅游需要来说，人们并不因外出旅游了一次就会中止，而不再进行第二次旅游，它还会间断发生，甚至对同一旅游目的地也可能再次或多次重游。

第二，需要具有连续性和发展性。人的需要是有层次的，一旦低层次的需要得到满足之后，便会向更高层次的需要发展。在旅游中，人们这次出游是作近距离的旅游，下次则可能进行远程旅游，甚至出国旅游。

第三，需要具有变动性。它会随着环境条件、社会交往和人们自身情况发生变化。例如，在出游前，人们并未产生对某一景点的需求，然而在出游中由于接触其他游客，诱发了他产生对该景点一游的愿望。又如在出游前，人们的身体甚为健康，可是，到旅游目的地旅游几天后，由于水土不服或饮食不适而生病了，从而产生了对医疗的需要。

旅游需要的动态性来源于游客主观条件和旅游环境客观条件的变化。一个人到异地去旅游，同其原有的熟悉的生活环境相比，毕竟是一大变化，对这种变化人们不可能事先都完全预知，这样必然会使他产生与其原有需要不完全一致的反应。密切注视游客需要的变化对于做好导游服务具有较为重要的意义。

旅游需要的上述特点是心理学单一性需要和复杂性需要的典型反映。

（1）单一性需要，人们进行某项活动是为了实现相应的预期需求，并不希望出现意外事件破坏需求实现，这表示人们不喜欢期望的生活被意外因素所打破。若人们生活中出现了非单一性，人们就会表现出紧张和不安。为了避免或消除这种情况的出现，人们常在其生活与行动中选择能保持平衡、和谐、一致、可预见的单一性需要。所以，在出外旅游时，一些人常把去知名的旅游目的地和旅游景点，住国际连锁饭店，乘坐信誉好、安全系数高的航空公司的飞机作为旅游需要的目标。因为这些地方和单位的服务标准有保障，不会或较少导致旅途的紧张和不安。

（2）复杂性需要，又称多样性需要，是指人们对新奇、出乎意料、变化和不可预见性事物的向往和追求。人们之所以会产生这种需要，因为生活本身是复杂的、多变的，而单一性需要很难满足人们对生活的多元化需求，不会给人带来最大的生活乐趣和满足感，人们便产生多元化的生活需求。在旅游中，一些人不愿去游人很多的大城市，而宁愿去偏僻的乡村、山区或旅游计划以外的地区。在旅游目的地不愿住豪华大饭店，而要求住带有民族特色的地方，如四合院、小木屋或农舍等。他们对游乐场、歌舞厅不感兴趣，而热衷于带有地方特色的民俗活动。他们对旅游活动和旅游生活环境极力追求新、奇、异，距离其惯常的生活越远越好，这样，他们才能得到最大的乐趣和满足。

单一性需要和复杂性需要看起来是很矛盾的，实际上，这两个理论只是观察和分析问题的角度不同。在现实生活中，人们总是将需要的单一性和复杂性结合起来。如果长期过单一性生活，对他没有任何刺激，久而久之，他就会感到厌倦，就需要引进一些多样性，用新奇和变化来消除或缓解因厌倦而引起的紧张和不安。用单一性需要和复杂性需要理论可以解释旅游中的许多现象，为什么有的游客渴望和追求知名的景点和旅游企业，有的游客则极力寻觅旅游中的新、奇、异，还有的游客的旅游需求会发生其他变化。

（二）旅游需要的体系

旅游需要是一个多样的、复杂的、完整的复合体。多样是指在旅游需要中包含着不同性质的需要；复杂是指旅游需要不仅多样，而且会发生变化；完整是指这种多样的、复杂的需要都是游客整体旅游需要的构成部分，都是游客在一次旅游活动中产生的需要。概括地说，旅游需要既包括以旅游目的所表现的出游动机形成的需要，又包括人们在出游前惯常环境下的各种生活需要。旅游需要体系主要包括以下几方面：

（1）休息需要，包括住宿和参观游览中必要的休息，目的是消除疲劳，养精蓄锐。

（2）饥饿与营养需要，包括餐食、饮料和饮用水需要，目的是消除饥饿和口渴，补充营养和水分消耗。

（3）医疗保健需要，包括治疗和疗养，目的是为了恢复健康。运动与娱乐需要，包括参加和观看各种体育运动以及娱乐活动，目的是为了强身健体，愉悦身心。

（4）保养需要，包括美容、美发与按摩以及身体有关部位的修饰，目的是舒展肌肉，疏通经络，展现人们的风采与精神面貌。

（5）空间位移需要，是指人们借助各种交通工具以实现旅行的目的。

（6）购物需要，是指游客在旅行中购买自用物品和馈赠物品。

（7）智力发展需要，包括求知需要和求解需要。求知需要是通过旅游来寻求异地的各种知识，求解需要则是在求知的基础上对某些问题进行详尽而深入的考察。

（8）业务发展需要，包括公务和商务的发展以及个人从事的个别事业的发展，如医疗事业、教育事业等。

（9）自我实现需要，包括探索需要、冒险需要和其他发展个人潜能的需要，以展示其聪明才智、能力和竞争性。

（10）社交需要，是指人们通过旅游在更大范围内进行情感和友谊的交流。产生这种需要对一些人来说是出于个人事业的发展，而对另一些人则是出于嗜好和享受。所以在发展需要和享受需要下均列有社交需要，区别的关键在于人们的动机。同样，娱乐需要也是如此，一些人视之为有益于身心健康，将其作为生理需要的一部分，而另一些人则视之为乐趣和享受。

（11）安全需要，包括旅游过程中的人身和财物安全。它贯穿于各种旅游需要之中，既是物质需要，也是精神需要。

总之，上述旅游需要体系中各种旅游需要的分类只是一个基本的描述，主要是从旅游过程中游客各种具体需要的性质来归类的。当然，人们还可从不同的角度对旅游需要体系进行不同的勾画。

二、游客的旅游动机和心理特征

（一）游客的旅游动机

旅游动机是由旅游需要直接推动的一个人进行旅游活动的内在动因或动力。旅游动机表现人们对自由生活的热爱，对冒险与未知的探索，对风景名胜、美食小吃、风俗活动的浓烈向往之心，是人们丰富阅历、增长知识、开阔视野的精神需求，是缓解生活压力，放松心情的某种旅游需要。由于旅游需要多种多样，旅游动机也形形色色，千差万别。

就动机的性质来说，心理学家将人的行为动机分为两大类，即生理动机和心理动机。

（1）生理动机。生理动机产生于生物需要，它是人体处于某种生理状态下所产生的固有的原始动力。如人对氧气、水、食物、衣服的需要，产生这类需要的动机是与生俱来的。

（2）心理动机。人们所处的社会环境不同，对社会的认知也有所区别，心理动机就是人们对工作、生活进行评价所产生的心理活动，它是后天形成的，主要与学校、家庭、社会等因素有关。因此，旅行需求自然属于心理动机的范畴，人们会选择喜好的风景名胜、特色文化等，有针对性地进行旅游活动，而不是不假思索地盲目旅游。

（二）游客的心理特征

1. 游客一般心理特征

人们旅游的状态与日常居家生活的状态完全不同，因为人们在陌生环境中会感到紧张和警惕，同时又对新鲜事物感到好奇和兴奋，两种情绪共同体现在游客们身上，出现不同程度的反映。游客的一般心理特征主要有以下几方面：

（1）求安全、求顺利心理。求安全、求顺利是人们出外旅游的基本心理。安全、顺利不仅是人们出游前的憧憬和期盼，而且贯穿于旅游全过程。安全要求旅游中不发生意外事故，顺利则希望旅游的行程和每项活动都能按计划或想法进行，不发生阻滞和不愉快的事情。总之，希望整个旅程是美好的，事事如意，万事如愿。游客这种心理的产生主要来自对异地陌生环境缺乏预知性。游客初到一地，人生地疏，许多情况对他（她）来说都是未知数，因而不可避免地会产生种种担忧。求安全、求顺利便成为每位游客的普遍心理。

（2）求新、求奇、求异、求名心理。在现代社会，随着教育的发展和信息传播手段的发达，人们对外界事物了解的增多，在收入水平和余暇时间增多的情况下，人们热切希望到其他地方走走，亲自观赏和体验那些不同于本地的新、奇、异、名的事物和情景。求新是指人们暂时变换其惯常的生活环境和生活内容，到一个新的生活环境下尝试新的生活内容；求奇是指人们对世界其他地方带有神秘色彩的奇特的人和事物的追求；求异是指到异国他乡领略不同于本地的社会风貌和民俗风情；求名是指在异国他乡能游历那些给其带来荣誉感的著名胜地和景观，下榻到知名的国际大饭店，品尝到驰名的菜肴，购买到贵重或款式新颖的商品等。总之，求新、求奇、求异、求名是多数游客的共同心理，它们分别从不同角度反映了游客对所访旅游目的地的企盼。游客的这种心理来源于对新奇事物的追求，以满足其求知的需要。

（3）求优、求全心理。求优、求全既是人们对旅游目的地旅游服务的一种期望，也是人们在旅游过程中的需要。求优是指人们期望在所到之地能观赏到最佳景观，能住进舒适的饭店，能品尝到优美可口的饮食，能乘坐便捷、舒适的交通工具等。求全是指人们期望旅游目的地的各种旅游设施和相关社会服务设施是齐全的，能便利地享受到全方位的服务。总之，希望旅游目的地各种旅游供给不仅有保证，而且质量高。游客求优、求全心理一方面来源于人们普遍的价值观念，如同人们购买其他消费品一样，总是期望所购之物是质优价廉的；另一方面也同旅游目的地和旅游企业宣传促销中将旅游产品描绘得尽善尽美有关。

一般来说，虽然不同的游客在心理反应程度上存在着差别，但上述几种心理对于多数游客来说都是共同的，具有普遍性，导游人员必须充分做好调研，了解游客普遍存在的心理需求，才能将旅行服务落实到位，细化旅行环节。导游人员将各项服务举措考虑周详，避免意外发生，提高服务质量，获得游客信赖。

2. 不同游客心理特征

由于游客的年龄、性别、职业、文化水平的不同，性格、兴趣、爱好的差异，人们的旅游需要也多种多样，反映需要的心态也不尽相同。除了上述列举的几种基本相同的心理之外，不同的游客还会怀有不同的心理。归纳起来，主要有以下几种：

（1）求知心理。虽然求新、求奇、求异的心理也包含着求知的成分，但主要侧重于增长人们的阅历和见识。这里的求知不仅包括扩大知识领域，而且包括从专业发展出发对某一专业领域较深入的探索和研究。因此，在旅游中，怀有这种心理的游客不满足于一般的走马观花，而是为了在扩大知识领域的同时，寻觅与其专业相关的信息，探讨专业发展的路子和一些专门问题。各种学习旅游（如出外进修、培训）、专项旅游（如医生旅游团、律师旅游团）、专业会议旅游均是满足这种需要的具体体现。怀有这种心理的游客往往在旅游中不仅要求参观与专业发展相关的旅游项目，而且希望同所访之地的同行进行交流。这类游客一般文化水平较高，其中不乏专家、学者。

（2）求乐心理。求乐是从个人兴趣、爱好出发，在参与性旅游活动中寻求身心愉快和乐趣的心理。随着经济的发展，人们生活水平的提高，人们在旅游中对参加各种娱乐活动的兴趣也在增加。娱乐活动的类型也越来越多，活动内容也越来越丰富。除了各种形式的夜生活之外，一些专项娱乐旅游活动也很受游客的欢迎，如骑自行车旅游、钓鱼旅游、潜水旅游等。持这种心理的游客多为青年人，也包括一部分成年人，他们以参加这类旅游活动为目的，并将其作为提高生活质量的内容。

（3）求美心理。求美是指人们在旅游过程中对自然和社会中具有美感事物和活动的追求，求美心理是一种促使人们进行旅游审美活动的内驱力。随着经济的发展，文化的繁荣，人们的审美意识在不断增强，对旅游中接触的事物和参与的活动的审美价值的要求也在不断提高，从客房的色彩、家具的陈设、餐厅的光线、菜肴的装饰直至景观的动态和质感等都甚为注重。爱美之心虽然人皆有之，但是不同的游客，其求美、审美的心理不仅在程度上有较大差异，而且侧重的方面也可能不同，有的人偏好观赏自然美，有的人注重体察社会美（如伦理道德、节日习俗、服饰打扮等），有的人热衷追求艺术美（如绘画、戏剧、书法等），有的人则乐于享受饮食美（如风味餐、名烟、名酒等）。怀有这种心理的游客一般文化素养较高，出游的目的之一是满足他们不同的旅游审美需求。

（4）求实心理。求实是指人们对于购买的旅游产品或购物品的使用价值的追求，即购买的旅游产品或购物品应“物有所值”。

（5）求胜心理。求胜是指在旅游中或通过旅游来展现个人志向和能力的心理。

三、游客的旅游行为模式与表现

（一）游客的旅游行为模式

1.“需要—动机—行为”的模式

一个人的行为是受思想支配的。从心理学和行为学的角度说，人们的行为是其心理动机的外在表现，而心理动机又是由内外因素的作用下产生的需要引起的。人们的旅游行为也是在旅游需要和旅游动机的作用下发生的。

人们的旅游行为产生于旅游需要和旅游动机。而旅游需要则是经济、文化、社会等外部因素与个人的人口特征（年龄、性别、职业、受教育程度和健康状况等）和个人心理因素共同作用下形成的。并且，人们的旅游行为，即对旅游产品的消费行为，无论是积极的反应（对旅游活动感到满意）或者消极的反应（对旅游活动感到不满意）都会对其下一轮的旅游需要产生影响。

2.“刺激—反应”的模式

行为主义心理学家认为，人们的行为是外部刺激作用的结果。如果外部刺激是正向的，人们的行为会做出正面反应，如果外部刺激作用是反向的，人们的行为可能做出消极的反应。游客在旅游过程中，会接受旅行社和旅游目的地接待单位多方面因素的作用，如旅游团的行为规范、旅游目的地的接待设施、旅游目的地提供的各项服务以及包括导游人员在内的旅游从业人员的言行、旅游目的地居民的态度以及其他游客的反应等均会对其心理产生影响或刺激作用，使之在行为上做出反应。

游客在旅游过程中，由于受到各种外界因素和内部因素的刺激，其内心必然会有所反应。这种反应是先透过知觉发生作用。知觉又称感知或感觉，它是人脑对直接作用于感觉器官的客观事物的个别属性的反映，即人们对刺激因素的感受。但是，在通常情况下，人们对某一事物的态度并不完全采取两个极端来表现，而往往采取比较喜欢和不太喜欢或一般喜欢和一般不喜欢的“中间”态度表示出来。态度如何表示以及采取何种相应的行为往往又与人们的个性相关。不同个性或人格的人对同一刺激因素采取的态度和做出的反应可能迥然不同，经过知觉、态度、个性这些心理活动，然后以行为方式表现出来。

游客的行为方式同人类其他行为方式一样，首先，它具有指向性，即针对刺激因素做出反应。例如导游人员过多地安排购物，游客可能出言反对或采取敷衍态度，在商店转一圈空手而返；其次，具有连续性。如果导游人员不顾游客意见继续安排购物，游客便可能拒绝下车，甚至提出抗议或投诉。

（二）游客的旅游行为表现

1.游客的一般行为表现

（1）个性影响旅游行为。通过对人的个性分析，心理学家将人分为多种性格，具有外倾性格或内倾性格的人并不多，大多数人介于两者之间，即一部分人性格偏于内倾，一部分人性格偏于外倾，剩下的都属于中间型。

（2）游客在旅游过程中的表现。旅游过程分为出发前的准备、旅行中和旅行结束后的阶段。导游服务主要针对游客游玩旅游目的地的阶段，该阶段最能反映游客的旅游表现，它关系到游客的旅游需要和动机能否得到圆满的实现。并且，这一阶段也是游客的旅游行为表现得最为充分的阶段。为了更好地分析和把握这一阶段游客的行为表现，根据游客的心理和环境的变化可将其分为以下几个小的阶段：

第一，游客到达旅游地点的初期阶段。进入景点时，游客面对全新的环境，接触新鲜的事物，面对陌生的人，存在人生地疏的心理差异。尤其是语言不通的时候，游客内心会产生一些不适感，特别是外国游客来中国旅游，遇到饮食文化、风土人情、气候条件等因素差异时，他们会表现出惊讶、好奇、兴奋和不安，这时游客会把目光放在导游身上，希望导游能体会到他们的心情，给他们提供更多的信息，让他们更好地做出选择，从而度过一个安全、愉快的旅游生活。

第二，熟悉阶段。随着旅程的开始，游客与导游之间的联系建立起来。随着时间的推移，彼此的了解逐渐加深，游客开始逐步适应环境，心情随之放松，思维更加活跃，主要体现在以下几方面：（1）游玩的兴致更强烈，喜爱游览和参观古老、秀丽、壮丽、奇特的文物古迹、自然景观和现代建筑，更愿意参与当地举办的富有民俗风情的活动；（2）游客的问题增多，急切想要了解当地的新鲜事物和奇闻趣事，例如，外国游客在中国旅游时，对中国的人口、交通、保险等问题十分感兴趣。

第三，中期阶段。旅行进行到中期阶段时，游客与同行的导游和其他游客都较为熟悉，最初紧张、陌生的感觉逐渐褪去，游客的个性表达更加明显。中期阶段也是每位游客开始展现个性的阶段，游客会提出个人看法，会更深入地询问旅行遇到的问题，部分游客甚至会提出一些要求来解决他们的疑惑，当要求没有得到满足时，他们会表现出不满情绪。在这一阶段，游客心态放松，言行也更加放任，与旅行开始时全神贯注听导游讲话不同，他们的注意力更加分散，表现出惫懒的一面，精神上滋生麻痹感，有些游客甚至不顾导游的告诫，自行其是，缺乏时间观念的游客会更随性，容易丢三落四的游客会更散漫。

第四，旅游结束阶段。旅游即将结束前，游客表现出不同的需求，有的游客着急买纪念品或当地特产，准备给亲朋好友带礼物；有的游客则因为当地的免税政策，选择为朋友代购商品；还有游客因为旅程的疲惫希望尽快结束这次旅程，回家心切。这些需求都会在旅程即将结束时爆发出来，导游要根据游客的不同需求，提前做好准备工作，让游客在旅行即将结束时有一个美丽的心情。

2. 不同特征游客行为表现

（1）不同职业游客。世界各国对职业的划分存在着较大差异。我国对海外来华游客的职业分类是：专业技术人员、行政管理人员、办事员、商人、服务人员、农民、工人、其他职业人员和无职业人员。职业不同，意味着人们在社会中的地位、工作性质和生活经历的不同，从而使人们在旅游中的行为表现也产生一定的差异。以下简要叙述几种主要职业的游客的行为表现：

第一，专业技术人员。专业技术人员一般学有所成，具有某方面的专业或技术知识，他们在旅游中除了一般的观赏旅游景观外，更加关注了解本专业或技术领域的情况，希望参观该领域的有关单位、设施，会见该领域的有关人员，并进行交流。因此，在涉及其领域的事情，他们提问较多。他们对旅游服务也比较注重，对导游人员要求较高。

第二，行政管理人员。行政管理人员由于来自权力机构，社会地位崇高，在旅游中他们往往从管理、质量、效率角度来看待问题，对旅游活动的组织安排、服务质量、服务效率要求较高。他们对导游人员、接待单位的服务人员乃至管理人员的行为不足之处常存有看法，有时也溢于言表。此外，他们对服务设施和环境的舒适也比较讲究。

第三，商人。商人在我国海外来华游客中占有相当比重。商人包括商务人员和企业界人士，他们虽然多数情况下以散客身份旅游，但也有不少人参加旅游团。即使以散客身份旅游，有时也需要目的地提供接送服务和导游服务。由于工作性质的关系，他们对旅游服务效率和服务质量要求较高，对旅游产品的价值和使用价值较为看重。另外，他们对旅游生活质量较为讲究，往往要求住高级饭店，乘坐高级轿车，要求精美饮食。在旅游中，他们喜欢了解有关经济、法律和商务情况，处事比较慎重，较少发表意见。

第四，工人。工人由于从事的工作性质，在旅游中有较强的群体观念，他们一般顺从旅游安排，对参观游览和娱乐活动有兴趣。

第五，农民。农民比较纯朴、节俭，对旅游生活质量要求不高，在购物时也不随便乱花钱。在旅游中，除一般的参观游览外，比较关心了解当地的农民生活和收支情况。

（2）不同文化程度的游客。文化程度往往同人们的职业密切相关。一般来说，从事专业或管理工作的人文化程度较高，而从事体力工作的人文化程度较低。人们文化程度上的差异不仅会对出游和目的地选择产生影响，而且也对人们在旅游中的行为产生作用。

第一，受过高等教育的游客。受过高等教育的游客由于知识面较广，对世界其他地区的情况有一定了解，因而游兴较浓，对异国他乡的环境适应能力较强。在旅游中，为进一步丰富知识，他们一般提问较多，愿与他人攀谈。对旅游设施和服务要求较高。

第二，受过中等教育以下的游客。接受中等教育以下的游客易于对所访之地产生陌生感，其适应能力较弱，在旅游中，他们顺从安排，很少发表意见，对旅游设施和服务要求不高；他们以游乐为主。

（3）不同社会阶层的游客。社会阶层是根据经济地位、社会声望、价值观和生活方式等来划分的社会中相对稳定的人的集团。任何社会都存在不同的社会阶层，每个人根据上述标准都分属于一定的社会阶层。属于同一社会阶层的人的价值观和行为方式上有较大的相似性，而不同社会阶层的人在这些方面则存在着明显的差异性。在旅游中情况也是如此，属于社会上层的人乘飞机多坐头等舱或商务舱，住宿多下榻豪华饭店，购物多购买古玩或名贵物品，处处都显示出其地位与众不同，而社会下层的人则相反，他们出游乘飞机多坐经济舱，下榻经济或廉价饭店，购物以纪念性和实用性为主。

（4）不同国家的游客。受国家、民族、地区影响，人们的思维习惯和审美方式有较大的差异，因此，导游接待来自不同国家和地区的游客时要注意到他们的思维习惯和行为方式，避免引发误会。

第三节　导游服务体系与服务规范

一、导游服务体系

（一）导游服务体系的必然性

旅游业是一个向游客提供旅游产品和服务的行业。旅游产品的生产和服务的提供只能当游客到达旅游目的地之后才能实际进行。为了保证游客消费的需要，任何一个旅游目的地都必须具备完整的旅游服务体系。要包括各种旅游企业、各级旅游机构、组织和相关部门与企事业。其中，导游服务不仅是这个体系中的一个重要组成部分，而且由于其所处的地位和特点又有自身的服务体系。[1]

（1）帮助游客进行实地消费的位置决定了导游服务需要相关服务的支撑。游客的消费包括在旅游目的地的交通、游览、住宿、餐饮、购物、娱乐、邮电通信等方面，导游服务的主要职能就是帮助游客进行这些方面的消费，使他们的消费能够顺利进行，并从中得到愉快。这些服务是由旅游目的地不同的部门和企业来提供的。它们各自都有自己的生产体系，但是，对游客的消费来说，它们只构成其中的一环，是导游服务将它们串联起来的。所以，相对游客消费而言，它们是导游服务体系的一个组成部分。反之，导游服务若没有这些相关服务的支撑，导游人员帮助游客消费的目标也不可能实现。

（2）一线作业的特点决定了导游服务需要有后方的支持和配合。首先，导游

[1] 陶汉军，黄松山．导游服务学概论 [M]. 北京：中国旅游出版社，2003.

服务处于旅游接待服务的第一线，没有后方的鼎力支持和配合，仅靠导游人员自身怎样努力也是无法承担的；其次，导游人员带领游客游览经常处于流动之中，许多与游客旅游相关的信息无法直达导游人员，必须经过一定的传输管道进行；最后，在导游服务过程中，导游人员还可能遇到各种类型的突发问题或旅游故障，也需要通过一定的渠道上达或转达。

（3）社会分工决定了导游服务存在着自身的服务体系。在当代，任何工作都是社会分工的一部分，社会化大生产不同于中世纪的手工作坊，任何产品的生产都是在分工协作基础上完成的。服务产品的生产也是如此。旅游产品的生产是旅行社将有关部门或企业生产的单项产品和服务进行的组合，其产品形态是一种具有综合性的无形产品，特点是只有当游客购买之后来到旅游目的地消费时才进入实际的生产过程，参加实际生产的除了相关部门和企业之外，还有游客的参与和导游人员提供的服务。从这个意义上说，导游人员不仅帮助游客进行消费，而且与游客一起直接参与了生产过程，是整个旅游产品实际生产过程的一部分。它同其他相关部门和企业生产单项产品有各自的生产体系一样，也有自身的生产（服务）体系。

导游服务体系对于导游服务的有效生产（有效提供）的意义是显而易见的。首先，它有利于导游人员树立旅游产品生产的整体意识。导游服务质量的优劣直接关系到旅游产品质量的优劣，因此，做好导游服务工作是提高旅游产品质量的重要一环；其次，有利于导游人员加强与其他相关部门和企业的协作观念。导游人员要把服务工作做好，使游客高兴而来、满意而归，除了自身努力之外，在相当大的程度上取决于这些相关部门和企业提供的服务。因此，导游人员应加强与它们之间的协作和信息沟通；最后，有利于强化导游人员与旅行社企业的关系。

（二）导游服务体系的结构

导游服务体系是一个完整的体系，这个体系的形成根植于游客的需要和旅游产品的综合性。从游客消费角度说，导游服务体系分为：导游活动体系和支撑服务体系。导游活动体系是指引导游客进行旅游活动的体系，它包括全陪导游服务、地陪导游服务和景区（景点）导游服务；支撑服务体系是指为导游活动的顺利进行提供支持性服务的体系，它包括相关旅游接待单位提供的服务，如饭店提供的住宿服务、交通客运部门提供的交通运输服务、文娱部门提供的娱乐服务等，以及旅行社提供的后勤服务、行李服务。

从游客参与角度说，导游服务体系分为：前台服务操作体系和后台服务辅助体系。前台服务操作体系是指直接面向游客提供服务的体系，即游客可以直接看得见和感受得到的服务体系，它包括相关旅游接待单位的服务、导游人员的服务、行李服务等；后台服务辅助体系是指不直接面对游客而间接为其提供服务的体系，即游客看不到、甚至感受不到的服务部分，如旅行社后勤人员的服务、计调部门的服务和委托部门的服务等。

（三）导游服务体系中的关系

1. 导游活动体系和支撑服务体系的关系

导游活动体系和支撑服务体系的关系实际上是导游人员的工作同各相关旅游接待单位和旅行社后勤人员与行李员工作之间的关系。这种关系由于是建立在共同的服务对象基础上的，并由旅游接待计划将他们连接起来，所以，他们之间是一种相互依赖的合作关系。

导游人员的工作需要这些单位人员提供的服务来支持。这些单位人员劳动的价值也需要导游人员带领游客来消费才得以实现。因此，他们在根本利益上具有一致性。不同的是，相关旅游接待单位提供的服务具有独立性，它既可以向游客提供，也可以向当地居民提供，而旅行社后勤人员和行李员提供的服务同导游服务一样，只能以游客为服务对象。这种情况使得导游人员的工作同他们之间在合作的同时可能产生的矛盾在解决方式上也不一样，对导游人员工作与相关旅游接待单位服务之间产生的矛盾主要是通过协商来解决的，因为这些单位是独立的经济法人；而导游人员工作与旅行社后勤人员和行李员服务之间产生的矛盾则直接由旅行社来处理。

2. 前台服务操作体系和后台服务辅助体系之间的关系

从满足游客需要的性质来说，前台服务操作体系和后台服务辅助体系之间的关系是直接服务与间接服务的关系。前台服务操作体系直接面对游客提供服务，这些服务是游客旅游中直接需要的，服务的相当部分或全部不仅游客看得见，感受得到，而且游客也参与其中，即游客的介入会对服务的内容和方式产生影响。间接服务辅助体系由于不直接面对游客，游客也看不见，所以其服务不受游客的直接影响。

从服务供给的直接目的来说，前台服务操作体系与后台服务辅助体系之间的关系是服务消费与服务保障的关系。前台服务操作体系提供的服务是直接满足游客的消费需要，而后台服务辅助体系提供的服务是为前台服务操作体系能够顺利地进行服务提供保障。没有后台服务做保障，前台的服务就可能出现问题，甚至出差错。例如，行李员若不能及时将游客的行李从机场运往下榻的饭店，客人进房后就拿不到自己的行李。又如，游客在上一站推迟一天抵达，如没有后勤人员的及时通知，导游人员仍按原计划去迎接游客，就会出现空接。客人推迟一天抵达，原预订的客房、餐饮和用车都要更改，否则就要造成损失。

二、导游服务规范

（一）全程陪同导游服务程序与规范

全陪服务是确保旅游活动能够按照预先制订的计划有序进行的工作。全陪作为组团社的代表，需要全程参与旅游团的整个旅游过程，负责各旅游站点之间的衔接，监督和管理旅游计划的实施过程，协调旅游接待工作者之间的关系。全陪要根据旅游合同的要求和服务标准，为旅游者提供满意的服务。[1]

1. 服务准备

外出带团，少则数天，多则数周，并且旅途中可能会发生很多未知的事情，使得全陪工作具有明显的复杂性。因此，做好充分的准备工作是全陪服务的关键环节之一。

（1）熟悉接待计划。上团前，全陪要认真查阅接待计划及相关资料，了解所接旅游团的全面情况，注意掌握该团重点旅游者、特殊旅游者（如残疾人）的情况和该团的特点。

第一，记住旅游团的名称（或团号）、国别、人数和领队姓名与联络方式（手机号、微信号）。

第二，了解旅游团成员的民族、职业、姓名、性别、年龄、生活习惯等，全团或重点旅游者联络方式（手机号、微信号）。

第三，了解旅游团内相对有影响力的成员和需要特殊照顾的成员等。

第四，掌握旅游团的行程计划、各旅游站点的开放时间、各种票据和手续的办理等情况。

第五，掌握旅游过程中每个站点的参观项目，根据旅游团的特点，提前掌握需要讲解和咨询问答的内容。

第六，熟悉旅游全程每个站点的文娱节目、特色餐食、收费情况以及其他游览项目等事宜。

第七，记录各站点的服务电话和传真号码，为之后的日程安排提供方便。

（2）物质准备。上团之前，全陪应该做好充分的物质准备，主要包括基本证件、相关资料和行李用品等，具体包括：

第一，需要携带的证件，如身份证、导游证以及通行证等。

第二，结算单据、支票、旅差费等。

第三，日程计划表、行李卡、全陪日志等。

第四，个人生活用品。

---

[1] 叶骁军．导游服务实务教程 [M]. 天津：南开大学出版社，2015.

（3）心理准备、知识准备和形象准备。全陪服务工作具有明显的流动性特征，要求导游员具有较强的适应能力，还要做好充分的心理准备。全陪与旅游者相处的时间较长，除了需要准备基本的景点知识和在途中讲解的综合知识，以开阔旅游者视野以外，旅游者对全陪提出的要求较多，所以全陪受气的机会也比较多，在特殊情况下很有可能成为"出气筒"。

（4）与接待社联系。接待旅游团之前，全陪需要与接待社交流各自的情况，将后续事情安排妥当。

2. 首站（入境站）接团服务

首站（入境站）接团服务应该带给旅游者一种顾客至上的感觉，使旅游团到达首站之后能够及时得到热情礼貌的接待。

第一，接团之前，全陪需要充分了解和掌握本站接待工作的安排事宜。

第二，全陪应该提前半小时抵达首站地点，与地陪共同迎接旅游团。

第三，全陪和地陪接到旅游团之后，主动向旅游团领队进行自我介绍，并与领队核实旅游团成员各方面的情况，比如，实到人数、行李件数、住房餐饮等事宜。若出现变动，需要将变动情况告知接待社。

第四，协助领队向地陪交接行李。

第五，致欢迎辞。

全陪作为组团社的代表，应该向旅游团致欢迎辞。致辞内容主要有自我介绍、表示欢迎、提醒安全、预祝愉快等内容，同时还要介绍全程概况、注意事项、时差等。

3. 入住饭店服务

在旅游团进入饭店之后，导游员需要快速办理住宿登记手续，保证旅游团顺利入住饭店。为此，全陪需要做到以下几点：

（1）全陪需要协助领队快速完成住宿登记手续。

（2）在领队安排完住房之后，全陪应该及时掌握旅游团成员住房情况，同时与领队互通联系方式和各自房号，便于之后的交流。

（3）热情引导旅游者进入房间。

（4）若地陪不住酒店，全陪应该承担全部的责任和义务，确保旅游团的安全。

（5）准确记录饭店总服务台的电话号码以及其他重要工作人员的联系方式，尤其是地陪的联系方式。

4. 核对商定日程与各站服务

全陪应认真与领队核对、商定日程。如遇难以解决的问题，及时反馈给组团社，使领队得到及时的答复。

全陪要在旅途的各站以地陪安排为主，自己检查、督促、协助和提供相关的服务，保证接待计划有序展开，每个站点之间无缝衔接，为旅游者提供满足、舒适的服务，遇到突发事件时应该快速解决，确保旅游者的人身安全。

（1）全陪需要与地陪及时交流旅游团的情况，同时协助地陪完成工作任务。

（2）全陪应该监督每个站点的服务质量，并客观提出需要完善的意见和建议。

（3）确保旅游者的人身安全，预防意外事故发生。

（4）担任购物顾问的角色。在旅游者购买贵重物品和文物时，全陪应该给予提醒，让旅游者保管发票以备出海关时检查。若旅游者想要购买中药材，全陪应该提前向其介绍中国海关的相关规定。

（5）做好联络工作。第一，全陪要与地陪、领队以及旅游者保持通畅的联络，并协调好接待工作者与旅游者之间的联系；第二，做好旅游线路上各站点之间的联络工作和通报情况，有效落实接待事宜。

5. 旅游团离站服务

在旅游团离开各个站点之前，全陪需要完成以下任务：

（1）预先提醒地陪明确离站的交通票据和准确时间。

（2）协助领队和地陪办理离站事宜。

第一，全陪需要向领队介绍交通运输的相关规定，比如，铁路托运或携带行李的规定，对于超重的部分，要根据规章制度缴纳超重费用；对选择乘坐飞机离站的旅游团，应该提醒其领队和地陪，缴纳机场建设费和燃油税等费用。

第二，全陪还需要向旅游者介绍有关行李托运的规定，在旅游者整理和捆绑行李的过程中给予帮助，并提醒旅游者将行李上锁。

第三，协助领队和地陪再次核实旅游团成员人数及其携带的行李，与负责行李的工作人员办理交接手续。

第四，离站前要与地陪、司机话别，对他们的工作表示感谢。

（3）妥善保管票据。

第一，抵达交通站点之后，需要与地陪交接交通票据和托运单等资料，并再一次核实、清点，以便到达下站后顺利出站。

第二，根据规定办理财物手续，并保管好财务单据。

第三，填写《旅游团费用结算通知书》，交给地接社。

6. 旅游团途中服务

在乘坐交通工具的过程中，全陪应该主动争取交通部门工作人员的支持，形成密切合作的关系，共同做好服务工作。一切安排妥当，为旅游者提供舒适、满意的服务。

（1）在交通运行中，全陪需要时刻提醒旅游者保管好自身的携带物品，并且注意自身的安全。

（2）可以组织娱乐活动，协助领队和地陪安排旅游团成员的饮食和住宿，保证他们的旅行过程顺利且安全。

（3）确保行李托运单和交通票据的完好无损，将其交给下站的陪同工作人员。

（4）若选择乘坐火车旅游，需要提前请领队安排好每个旅游者的休息铺位。

7. 末站（离境站）的服务

末站（离境站）的服务是整个服务过程的结束环节，全陪应该确保旅游团顺利离开末站（离境站），并在旅游者脑海中留下深刻的印象。

（1）在旅行结束之后，全陪应该嘱咐旅游者保管好自己的物品和证件。

（2）向每个旅游团成员征求服务意见和建议。

（3）致欢送辞，全陪向旅游者表示感谢和祝福，并欢迎再次光临。

8. 后续工作

（1）在旅游团离境之后，全陪需要处理后续的工作任务，解决遗留问题，比如，一些重大事件需要以报告的形式汇报给组团社。

（2）在规定的时间内向旅游行政管理部门提交所要求的资料，或者是填写《全陪日志》。填写的信息主要有：旅游团的基本情况；旅游日程计划和安排情况；乘坐交通工具的情况；各旅游站点的接待情况；旅游途中出现的问题和意外状况；旅游者提出的意见和建议。

（3）根据财务相关规定，尽快报销差旅费。

（二）景点（景区）导游服务程序与规范

景点（景区）导游作为导游服务体系的重要组成部分，还被称为景区（景点）导游，具体指旅游区、保护区、博物馆以及名人故居等景点的导游服务。导游员需要向旅游者详细介绍景区（景点）的概况以及参观地的特色和风格等内容，加强旅游者对当地的了解和认知，强化旅游者对自然环境和文物作品的保护意识。此外，导游员在讲解过程中应使用普通话，做到发音准确和口齿清晰。

1. 服务准备

（1）熟悉情况。

第一，掌握旅游团成员的基本信息，如成员身份等。

第二，充分了解各个景区或参观地的管理规定和制度。

第三，掌握相关的保护知识和安全知识。

（2）物质准备。

第一，准备导游图册和资料。

第二，准备导游所需的工具和器材。

2. 导游服务

（1）致欢迎辞。向旅游团详细地进行自我介绍，并表示为大家服务感到荣幸，欢迎他们多提一些建议。

（2）导游讲解。向旅游团讲解景区游览项目和参观地简介，具体讲解的内容包括：景区的发展历程、开设景区的目的和概况、相关规定和注意事项等。

第一，根据游览线路进行讲解。讲解内容根据旅游者的个性倾向有所侧重，引导旅游者全身心地投入观赏中。

第二，将文物保护知识和环境保护知识融入讲解内容中，同时解答旅游者的问题。

（3）注意旅游者动向与安全。

3. 送别服务

在送别服务中，致欢送辞是最关键的环节，主要对旅游者的合作表示感谢之情，同时征求旅游者对整个服务过程的意见和建议，最后向旅游者表示欢迎和祝福，并赠送一些具有特色的纪念品。

第四节　导游服务质量评价指标体系构建的研究

一、导游服务质量评价指标体系构建的原则

导游服务质量评价体系是建立在一个由多指标所组成的导游服务质量统计指标群基础上，对我国导游人员和旅游相关企业进行全面测评和分析的评价指标体系。[❶]各指标之间相互联系、相互依存，能客观评价我国导游水平差异，全面、准确反映我国导游服务各方面的现实状况，其构建应用对促进我国优秀导游队伍的建设和发展具有重要意义。构建导游服务质量评价指标体系，应遵循四项基本原则：

（1）客观性原则。要以客观性为前提，以科学性为基础，选择指标体系、确定指标权重、选取计算合成数据，才能客观真实地反映我国导游人员服务质量现状和发展进程。这其中必须规定一种指标变量的取舍标准，以此标准来确定具体指标的实用。切忌盲目使用变量，陷入越多越全误区，要从事物的本质出发，选取最真实有效并能客观反映导游人员服务质量的指标，客观表明不同导游之间的差异和满意度，以达到为国家决策提供科学依据的目标。

（2）指标群性原则。导游服务质量评价必须用若干互相联系、互相制约的横向指标和纵项指标等组成的指标群进行衡量。横向指标包括能够反映不同侧面相互制衡关系的指标，纵向指标则是反映不同层次间所包含的相关关系的指标。另外，一定要避免同层次指标之间的相似性和模糊性，尽可能体现指标体系的系统性。要遵循系统优化原则，兼顾反映导游服务质量的各方面指标，尽量精简指标数量和层次，以较少的指标反映更全面的导游服务质量，达到既不流于复杂又不

---

❶ 刘国强 . 导游服务质量评价体系构建与实证研究 [J]. 中北大学学报（社会科学版），2017，33（02）:63-67.

单一局限的目标。

（3）可操作性原则。构建评价导游服务质量指标体系的基本目的是更好地对导游人员的服务质量进行评价，进而达到优化导游素质的目的。作为提高导游素质的参考，指标体系必须注重实用性、可操作性，努力将影响导游服务质量的指标转化成可度量、计算、比较和分析的简单数据。因此，在设计导游服务质量指标体系时要选取易收集和计算分析，有代表性的实用数据。此指标体系是针对我国导游人员队伍建立的，但同时我国还接待了大批的海外游客，为了与国际接轨，人们应该尽量使指标口径与国际对应，以保证指标的可行性。

（4）开放性原则。评价个体的灵活多变性，是导游服务质量评价指标体系最重要的特点。指标体系作为一个有机整体，既要能从不同的角度反映出被评价对象的主要情况，又要能从不同层次和发展阶段反映同一导游人员不同时期服务质量的差异。不同个体和不同时期导游人员的服务质量会存在不小的差异，依据不同旅游目标及游客的需求，导游服务质量的评定标准会出现变动，所以要在延续性的前提下对传统的评价指标体系进行合理的变动调整，保障获得更高的开放性、科学性。

二、导游服务质量评价指标体系构建的内容

（一）导游服务质量的构成要素

完成对导游服务质量的评价，重点在于应用具有代表性的指标，对影响导游服务质量的主要因素进行定性、定量描述，从而分析比较影响导游服务质量的主要影响因素，最终达到提高导游队伍整体素质的目标。结合导游的工作内容，本书将导游服务质量的构成要素归纳为以下几个方面：

（1）道德要素。道德品质、尽职敬业、遵纪守法指标是导游服务质量道德要素的主要内容。道德要素贯穿于整个导游服务质量评价指标体系，对其他几个要素产生直接和间接的影响、引导作用。

（2）技能要素。宣传讲解能力、与人交际能力、组织协调能力、处事应变能力指标是导游服务质量技能要素的主要内容，技能要素处在结构的中部，作为影响和衡量导游服务质量的直接指标，是处于结构底部知识要素的承载体，起着转化的作用。导游通过带团接待等过程将知识要素转化为技能，提高服务质量，可使隐形的知识转化为显性的技能，能够更好地服务旅客和提升旅客的旅游质量、满意度。

（3）知识要素。安全知识、语言知识、史地文化知识、政策法律知识、旅行知识指标是导游服务质量知识要素的主要内容。知识要素处在结构的底部，是衡

量导游服务质量的隐性要素，制约着其他要素的发挥和效用，是维持和提高导游服务质量的基本因素，也是导游服务质量的决定影响因素。

（4）自我效能要素。自我评价、满意度指标是导游服务质量自我效能要素的主要内容。自我效能要素隐藏于其他要素之下，对导游服务质量发挥着直接或间接作用。自我效能是导游服务成功的基础，如果一个导游满意于自我提供的服务，同时又能够充分客观地接受别人的评价并从中得到提升自我的力量，将有助于提高本身的工作、服务热情，进而提升导游服务质量。

（二）导游服务质量实施合理的评价方式与方法

导游服务是一种消耗性的长期细微服务，服务内容是引导、带领游客，帮助游客尽兴、安全、高效地享受旅游带来的快乐。这种服务不能够用定量的数据进行度量，对其分析评价只能采取游客的主观评判及旅行社的主客观评价相结合的方式，因此必须建立内外、主客相结合的导游服务质量评价机制。第一，运用导游考核系统从内部对导游服务规范和质量进行监管考核；第二，运用问卷调查、个案访谈、走访、投诉、游客调查等方式从外部对导游人员服务质量进行监管考核，主要方法：一方面，注重游客直接感受服务产生的主观评价，可利用“旅客意见表”“旅客满意度调查表”“投诉建议表”等，在特定的周期性时段对导游人员服务质量进行随机抽查；另一方面，可与第二线的旅行社、旅店、饭店、客车、景区负责人等走访座谈，对导游人员的日常工作、自我学习等方面进行调查，并委派有关人员监督，提交考核报告及建议；再者，可从主观的你我角度，评价分析导游人员的自我评价和相互评价。[1]

通过内部评价、外部评价、自我评价等相结合进行的综合分析，最终形成对导游人员服务质量的最终评价。利用评价总结出导游过程中的优缺点，扬长避短，促进服务质量的持续改进和提高，提升导游人员素质。同时，在评价过程中，根据实施过程中所遇到的实际问题，对评价机制和评价指标量表进行改进和完善。根据导游人员服务质量的评价结果进行物质奖励、评先树优、能级升降等相应的奖惩，提高导游人员的积极性，促使导游队伍素质的不断进步和提升，最终带动旅游业的蓬勃发展。

---

[1] 陈永发．导游服务规范与技能 [M]. 北京：东方出版中心，2010.

第五章　导游带团及语言艺术

随着旅游业在全球的迅速发展，越来越多的团体及个人参与到各种形式的旅游活动中。导游语言表达是一门艺术，是衡量导游接待质量的重要标志。对导游而言，语言艺术美至关重要，它直接影响到旅游审美信息的质量和旅游者审美感受的满足。本章重点探讨导游带团的心理技巧、导游带团中多种关系处理技巧、导游带团中与游客建立信任的要素、导游带团及语言艺术。

第一节　导游带团的心理技巧分析

导游人员的主要职责是为游客提供服务，对所到之处的风景名胜和历史遗迹进行讲解，帮助游客获得更好的旅行体验，是旅游业中不可或缺的存在。导游的服务质量直接决定了游客的旅行体验，导游的个人业务能力对于自身的工作状态和未来发展也十分重要。导游的工作大部分是与游客的交流，因此心理服务技能是个人业务能力非常重要的一个方面。这部分主要探讨心理技巧在导游带团中的具体运用。

一、导游人员要提高自身素质

服务质量的提升离不开从业者个人素质和能力的提升。谈到个人素质，良好的思想道德是基础，良好的思想道德品质能催生出友善、宽容、无私、乐于助人的个人品质，体现在导游从业者身上就是尽职尽责、爱岗敬业，全心全意为游客服务，因此良好的思想道德素质是导游从业者必须具备的个人素质。由于工作性质，导游需要不断扩展知识面，提高处事能力，以应对旅途中的突发状况。此外，因为导游面对的游客形形色色，要与不同的游客沟通交流，所以需要具备一定的心理学知识。心理学知识可以帮助导游更好地理解游客，满足他们的心理需求，使游客获得更好的体验，提升导游服务质量。

二、导游人员要训练语言技巧

语言作为最重要的交流工具，在人际交往中的作用不言而喻。对导游工作者而言，语言的运用能力尤为重要。导游工作就是要与人沟通交流，因此提升语言运用能力，加强语言技巧训练非常必要。具体来看，导游的语言训练主要表现在以下几个方面。

（1）能说清晰、流畅的普通话，这是对导游的基本要求。

（2）有很强的沟通能力，语言技巧运用纯熟。首先要能够观察游客所需，了解他们真正的心理需求，当发现问题所在时，采取合理的方式，运用自身具备的语言技巧解决问题，满足游客心理需求，让游客没有心理负担，能够放松享受旅行，感受旅途中的轻松愉悦。

（3）能够察言观色，及时照顾游客。导游在工作过程中，需要具备的一项重要能力就是察言观色，比如在为游客进行讲解时，观察游客的表情和状态，判断所讲的内容是否能够吸引游客，如果游客在认真聆听，说明导游所讲述的内容是他们感兴趣的，就可以继续朝着这个方向进行讲解；如果游客兴致不高，说明所讲述的内容他们不感兴趣，可以转变讲述方式和讲解内容，加入与内容相关的有趣故事，或者增添一些互动性内容。

第二节　导游带团中多种关系处理技巧

导游带团中多种关系处理技巧以全陪导游为例进行探讨。全陪导游需要负责整个团队的事务，是旅行团的灵魂人物，不仅需要照顾团队成员，还需要联系地陪导游监督其履行约定义务、与领队沟通、与司机维持好关系。因此，在旅游团队中，全陪导游是核心角色。

全陪导游在导游工作真正开始前就需要做前期的准备，与销售、计调人员沟通，了解团队的人数、年龄层、性别比、从事行业甚至饮食喜欢和喜好等大致情况。需要牢记领队的姓名和联系方式。

（1）出发前的前期准备工作：

第一，行程计划。通过计划单的形式罗列，做到心中有数。主要包括旅行的线路、时长、餐食、住宿、交通、项目、娱乐购物以及其他特殊安排。

第二，对行程计划进行了解后，其中有疑问的点及时与计调沟通做好调整或备注工作。

第三，与销售人员沟通，对游客的基本情况和旅行需求进行基本的了解。如果是团队游客，与领队随时保持联系，出发前提醒对方游客必备物品，包括：身份证、学生证、军官证等特殊优惠证件，洗漱用具（如酒店没有配备），常备药物，雨具等，与对方确认集合时间、地点和车牌号，确认双方联系方式；对于散客，需要和游客进行详细沟通，态度一定要亲切。线路中安排菜品的情况，要如实告知游客，可提醒游客自备辅助饮食。

第四，以客车形式出行，需要提前与司机联系，确认接团时间（司机需要提前半小时左右到达集合地点）和地点，确认车辆基本情况（证照是否齐全、车牌号码、载客量、车况、有无配备话筒、电视能否正常使用），确认车辆的油箱是否满油，如非满油要提醒司机出发前加满油箱。

第五，提前联系地接导游确定接团时间和地点，告知团队相关情况。

（2）了解旅途情况，熟悉线路。全陪导游要对途中的城市风貌和自然景观熟悉，在行进过程中可以为游客讲解相关的内容。在到达目的地后，要对目的地景点做简要的介绍。

一、全陪导游与司机的关系处理技巧

（1）线路确认。出团前与司机进行交流沟通，告知线路，让司机心里有数，对车辆情况进行了解；对行程的安排导游是有决定权的，如果司机有无理要求直接回绝即可；如果司机对线路不熟悉，一定要将旅行线路和行程安排详细告知，并配合司机确认路线和路况，避免耽误行程。

（2）提示工作。提醒司机行车安全，特别是长途线路，要关注司机情况，随时提醒细节问题，比如车速、停车安全、行李放置安全、游客安全等；遇到夜间行车，更要关注司机驾驶状态，和司机聊天以免其打瞌睡，避免出现疲劳驾驶的情况。要帮司机一同维护车内环境，提醒游客保持车厢卫生、保护车内设施、安全又卫生地处理垃圾等。

（3）注意沟通如下几个方面的问题：

第一，中途休息地点要与司机确认。

第二，到达游览地开始游览前，对停车位置进行确认，告知司机大致游览时间，与游客确认停车地点、车辆特点、车牌号以及集结时间。

第三，保持良好的沟通态度，与司机交流友善谦虚，保持积极合作的状态。

第四，遇到合作比较困难的司机，对方沟通有难度或者性格脾气不太好，全陪导游要保持耐心，尽量沟通，如果最终无法沟通，按照原则处理问题，比如司机拒绝载客，除了督促其履行合同，还可以与游客沟通协商，双方都统一才能对合同进行更改。

第五，司机线路不熟悉或者经验不足，提前做好相应准备，帮助司机认清线路，避免走错路耽误行程。

第六，住宿时，安排好客人后协助司机停车并为其安排好住宿。

第七，结束行程时要陪同司机一起将车辆油箱加满，支付途中停车、高速等产生的费用，如司机不与导游一同用餐，要为司机另行安排餐饮和住宿。

（4）车辆故障。如果出现了车辆故障的情况，全陪导游要安抚客人、协助司机修车、联系调取其他车辆等，根据相应规章进行执行。

二、全陪导游与地接导游的关系处理技巧

（一）全陪导游与地接导游的配合

（1）全陪导游要将团队基本情况主动告知地接导游，包括游客的饮食习惯、住宿要求以及其他的特殊备注等，向游客介绍领队。旅行过程中，全陪导游和地接导游要保持联系，交流信息，沟通想法，配合对方工作并监督地接导游的带团情况，双方达成一致共同配合对方完成接待工作。全陪导游和地接导游要通力合作，才能将旅行团带好。

（2）尊重对方的工作，划清工作权限和利益。全陪导游和地接导游通常属于不同的旅行社，工作上各有侧重，但二者地位相当。全陪导游和地接导游的工作是需要相互配合的，在完成本职工作的同时也要尊重对方的工作，才能达到互惠互利的效果。

（3）友情的建立能够拉近全陪导游和地接导游的关系，但要注意分寸，在双方的隐私问题和工作所涉及的商业秘密上，要划清界限。

（4）尊重彼此、互相学习、勇于担当。工作中如果出现问题，双方切勿相互推诿责任，虽然所属旅行社不同，但面对游客，应该顾全大局，将责任划分清楚，勇于承担。

（二）全陪导游与地接导游实际行程中的注意事项

（1）与地接导游核对包括食、住、行等行程内容，看是否有遗漏，同时可以向地接导游咨询旅行目的地的情况。

（2）与地接导游确认接团的时间、地点和车牌号码等。

（3）如果出现行程变动，首先要明确变动原因，再与领队（或散客）说明情况，协商解决。如果确定行程需要修改，必须有书面签字确认书才能进行变动，需按照相关行程原则执行。

（4）如果游客在地接导游处遭遇强制性消费，或者线路景点被其自行修改，全陪导游应履行职责进行制止，并做出严正声明，告知地接导游行为失当，如果情节严重可以向双方旅行社计调人员反映，参照《旅行社条例》以及条例细则执行。

（5）如行程中有自费景点，全陪导游和地接导游可以共同配合完成工作，全陪导游主要侧重于照顾游客，地接导游主要负责讲解和引导工作。

（6）全陪导游和地接导游都要与领队保持良好的沟通，在处理一些问题时可

以选择性避开游客，选择合适的方式沟通。

（7）旅途中出现特殊情况，比如公共交通工具时间更改或者游客身份证遗失、游客突发疾病、游客与团队走散等，一般是全陪导游处理突发事件，地接导游负责其他游客的继续行程。

三、全陪导游与游客的关系处理技巧

（一）树立良好的形象

（1）树立第一印象。从形象上，导游要注意仪容、仪表和语言、神态，穿着打扮要大方得体，可以淡妆示人。从行为上，要注意细节，比如面带微笑、照顾好老人和孩子、有亲和力、语速快慢适中、语言亲切等。

（2）肯做实事。践行求真务实作风，脚踏实地为游客做事，帮助游客排忧解难，获取游客的信任。

（3）诚信待人。多与游客沟通交流，提前告知游客可能会出现的情况，与游客坦诚相待，让游客了解全陪导游的想法，增进彼此理解。如果游客有问题需要解决，及时沟通交流和化解是非常重要的。

（二）与领队的关系处理技巧

（1）对领队的工作予以支持。作为领导团队的人，领队是非常重要的存在，全陪导游不能忽视领队的作用，有事要一起商议。全陪导游要协调各方关系，在矛盾出现时，应站在双方的立场上客观考虑问题并加以解决。

（2）加强沟通，避免冲突的发生。旅途中出现了矛盾和分歧，全程导游应主动与领队沟通，共同查看合同，确认是否发生违规问题，解除双方误解。解决问题时要讲究方式和方法，尽量采用沟通的方式解决，避免造成正面冲突。

第三节　导游带团中与游客建立信任的要素分析

导游带团就是与游客沟通交流的过程，如何在短短的旅程中让游客享受旅行的快乐，忘却旅行的疲劳，收获全新的体验，留下美好的印象。导游按照沟通、尊重、相容、守信、服务五个要素与游客建立信任的人际关系，让游客旅行后获取精神的愉悦，达到旅行目的。

一、导游带团中与游客建立信任的沟通要素

导游与游客在共同的旅游活动中彼此通过交流思想、感情和知识等信息的过

程中达到人际沟通的目的。良好的沟通指的就是一种双向的沟通过程，是用心去听、去了解，并且把想法回馈给对方。沟通过程中可能因沟通者本身的特质或沟通的方式而造成曲解，因此传送信息者与接收者间必须借着不断的回馈，去澄清双方接收及了解到的是否一致。除此以外，还有很多轻而易举的事就能帮助导游和游客建立良好的人际关系，因此导游在带团的过程中首先要了解自己的游客，另外，导游与游客在整个游览过程中都处于不断的相互作用中，刺激与反应互为因果，如游客的言语是对导游的言语的反应，同时也是对导游的刺激。❶

言语是导游与游客沟通的主要手段。特别是言语沟通伴随着合适的副言语和其他非言语手段时更能完美地传达信息。社会心理学家研究言语沟通的重点放在说者和听者是怎样合作以及对信息的理解是怎样依赖于沟通情境和社会背景的。

二、导游带团中与游客建立信任的尊重要素

在游览活动中总要有一定的付出或投入，游客的游览需求和这种需要的满足程度必须是建立在对导游讲解认可的前提下。导游先要尊重游客，继而力求得到游客的尊重，游客一般都希望导游有足够的能力，在游览中解决不了相关问题时，导游应该知道。

三、导游带团中与游客建立信任的相容要素

相容是指人际交往中的心理相容，即指人与人之间的融洽关系，与人相处时的容纳、包涵、宽容及忍让。要做到与游客心理兼容，导游应注意增加与游客的交往频率；寻找与他们的共同点；在整个游览过程中保持谦虚和宽容。导游为人处世一定要心胸开阔、宽以待人，要体谅游客，遇事多为游客着想。

导游与游客是相容与合作的关系，双方有共同目标，为了达到这一目标，彼此能配合和容忍对方，导游不要把自己放到游客的对立面，那样整个游览过程也就被毁了。导游要让游客喜欢自己，要先喜欢游客，喜欢是有前提的，相互性就是前提，人们总是喜欢那些也喜欢自己的人。人际交往中的接近与疏远、喜欢与不喜欢都是相互的。因此，导游与游客是游览团队大家庭中的一员，彼此依存、相互依托。

四、导游带团中与游客建立信任的守信要素

信用即指一个人诚实、遵守诺言，从而取得他人的信任。人离不开交往，交

---

❶ 申丽霞．导游带团中让游客建立信任“五要素”分析 [J]. 旅游纵览（下半月），2013（09）：44.

往离不开信用。导游要做到说话算数，不轻许诺言。与游客交往时要热情友好、以诚相待，端庄而不过于矜持，谦逊而不矫饰作伪，要充分显示自信心。一个有自信心的人，才可能取得别人的信赖。处事果断、富有主见、精神饱满、充满自信的人就容易激发别人的交往动机。博取别人的信任，产生使人乐于与你交往的魅力。

五、导游带团中与游客建立信任的服务要素

在工作中，游客需要的不仅仅是标准化的规范服务，个性化的超常服务虽不是导游工作的义务，但却能为旅游活动锦上添花。如照顾团队中的老人与孩童，为客人排忧解难，给予客人服务中的“惊喜”。比如记住客人的生日、向客人传达生日祝福、主动帮助游客合影留念等。总之，面对的是绝不轻松的挑战。成为合格的导游除了要具备一定的语言表达能力、出色的沟通技巧与组织才能、强健的体魄，也要有良好的心理素质，更要能应对各种突发状况的能力，与各种类型的游客处理好人际关系。

第四节　导游带团及语言艺术研究

一、导游带团艺术

带团艺术是指导游人员根据已签订的旅游合同、游客的整体需要和不同游客的个别要求，为最大限度地提高旅游产品使用价值，使游客产生愉悦感，所使用的各种方式、方法和技巧的综合体。导游带团艺术贯穿导游人员带团的全过程。[1]

导游带团是完成旅行社产品生产的核心环节。旅游产品不同于工业产品，它是由有形产品（实物）和无形产品（服务）所构成的，产品的主体是服务。旅游产品具有生产与消费的同步性，旅游消费者只有到达旅游目的地才能实地完成购买与消费的全过程。他们之所以需要导游人员提供服务，是因为导游能够在最大程度上帮助其获得所购买的旅游产品的使用价值，即获得旅游目的地一次满意的旅游经历和体验，包括食、住、行、游、购、娱等各种活动和享受。因此，导游带团不是要游客服从自己、按照自己的意愿行事，而是必须以游客的需要为中心，帮助他们实现所购买的旅游产品使用价值的最大化，同时也通过自己的努力最大限度地实现旅行社出售的旅游产品的消费价值。

---

[1] 唐由庆．导游服务艺术 [M]. 上海：格致出版社，上海人民出版社，2012.

（一）树立正确的服务理念与带团原则

树立正确的服务理念是做好导游工作的前提和基础。

1. 树立正确的服务理念

理念是人们对客观世界或事物所确立的思想意识，是支配人们行为的精神统帅。在导游服务实践中，不同的服务理念就会出现不同的服务行为。就导游服务理念而言，具体说就是要树立三种意识：市场意识、服务意识和质量意识。

（1）市场意识。旅游市场是旅游企业的生命之源，旅游企业的一切经营管理活动都必须以有利于旅游市场的开发和游客的招徕为中心。无论是作为旅行社的一员，还是作为一名自由职业者，导游人员存在的价值和经济上的收益都同旅游市场和游客息息相关。导游人员树立市场意识的根本体现就是在导游服务过程中坚持“宾客至上”的服务原则，一切以游客为中心，与游客产生分歧和矛盾时多采取“换位思考”的方法，即多从游客的角度来思考问题，因为这样做往往更容易使问题得到圆满解决。要懂得导游人员对旅游市场最大的贡献就是提供优质的导游服务，只有让一个游客或一个旅游团队满意了，才会有更多的人加入旅游大军的行列，组成更多的旅游团队。

（2）服务意识。服务是旅游产品的本质。导游服务是智能、高技能和高体能的服务活动，而且贯穿于旅游的全过程和食、住、行、游、购、娱的各个环节。导游工作更多是依赖于高质量的服务，导游人员除了向游客提供自身的服务之外，几乎不提供其他任何东西，于是被称为旅游行业服务产品中的“核心产品”。可见，如果没有强烈的服务意识，就不可能向游客提供优质的导游服务。

服务意识的核心是游客意识。导游人员要时时不忘游客，处处想着游客。在导游服务过程中，尽管有各种爱挑剔的游客，但是，作为导游人员一定要坚信“心诚则灵”的对客服务理念，要对游客多理解、多体谅，同时还要注意与游客关系的融合。导游人员要善解人意，对人性的感悟能力一定要强。只有人性感悟能力强的导游人员才会听到游客的心声，顺畅实现与游客的沟通；善于与游客融合，是导游人员处理与游客关系的一个基本功，必须意识到导游人员与游客的融合程度，取决于导游人员被游客接受的程度。只有当游客在观念和情感上都能接纳、亲近导游人员时，导游人员的要求才会被游客乐意接受，导游人员的关心才会得到友好的回报。当然，导游人员在与游客的交往中，还应保持一定的度，注意把服务自然地渗透在与游客融洽的交往之中。

（3）质量意识。质量是所有产品的生命，旅游服务产品同样如此。然而，旅游服务产品不同于有形的工业产品，因为它具有生产与消费同步的特性，无论是旅游消费者还是旅游行政管理部门，对旅游企业所提供的服务产品的质量都比较难以测定，消费者在购买时更无法像有形产品那样进行比价。但是，这并不等于导游服务没有质量标准可寻。

导游服务质量标准是国家技术监督局颁发的《导游服务质量》，这个国家标准是每个导游人员在导游服务过程中必须遵守的基本质量要求。然而，优质化的导游服务质量必须是标准化＋个性化的导游服务。导游服务质量的最终评判员不是导游人员自己，而是导游服务的客观存在，是游客在消费过程中的感受与评价。因此，质量意识就是要求导游人员在向游客提供导游服务过程中要以满足其正当、合理的要求为出发点，使游客真正有“不虚此行”的旅游体验，并从内心产生一种愉悦感和满足感，这是做好导游服务的根本，也是导游服务质量的最终体现。

2. 树立正确的带团原则

在树立正确的服务理念基础上，导游人员还要正确把握带团的原则。从导游的实践看，所谓带团原则，一是要合理安排游览路线和游览内容，二是要引导和调控相结合。

（1）合理安排的原则。具体如下：

1）合理安排旅途生活。旅途生活是游客旅行游览的基本保障，没有愉快的旅途生活，游客就会失去旅行游览的兴趣。导游人员一定要严格按照旅游接待计划的标准与要求，认真安排好游客的全程旅行生活，对游客旅途生活中的各种意见与要求，只要是合理而可能的，导游人员都应尽最大努力去帮助游客解决。

2）合理安排旅游活动。游览线路和游览内容的安排是团队导游服务的基础。所谓合理安排游览路线和游览内容，就是要做到不同类型旅游资源相结合，游、购、娱相协调以及游览线路既要顺当又不重复。

3）合理把握旅游节奏。由于年龄、体质、职业等多种原因的影响，旅行游览中不同游客在行进速度上差异较大。

（2）引导和调控相结合的原则。具体如下：

1）以引导为主。所谓引导就是通过以情动人、以理服人的说服方式，让游客理解导游的难处，放弃各种不合理或不可能实现的要求，回到执行旅游接待的轨道上来，以保证旅游团活动的正常开展。在导游服务中，游客由于种种原因会提出各种要求，并产生各种行为表现。游客在旅游过程中所出现的各种言行，有的是正常的、合理的，导游人员经过自身的努力是可以使游客得到满足并让游客感到满意的。然而，在旅游过程中，确有少数游客完全超越旅游合同的范围，提出一些不合理的要求，让导游为难。对于游客中出现的各种言行，导游人员必须高度重视，谨慎处理，其中最关键的就是要区分游客的言行合法与不合法、有意与无意、无因与有因、合理与不合理、可行与不可行、越轨与不越轨、言语与行为、已造成后果和没有造成后果的界限。然后，根据不同情况，给予通情达理、有说服力的引导，进行疏通和妥善处理，消除误解，防止局面失控。具体的引导方式主要有两种：一是直接引导，即通过劝导、解释、说服，使游客能理智地面对现实，心悦诚服地理解和接受导游人员的意见和建议；二是间接引导，即通过暗示、类比、设问，让游客产生联想，体悟导游人员意见和建议的合理性。

2）以调控为辅。调控是指导游人员对少数要求过分、言行明显越轨，甚至对旅游团队甚至对国家造成危害的游客所进行的调解和控制。对确实是由于接待服务工作某环节的不周或失误造成游客不满的，要在弄清事实的基础上迅速采取有效措施，凡在权限范围内能处理的应尽快采取补救措施进行处理，超出权限范围的要求应及时报告旅行社，同时协助旅行社有关人员进行妥善处理；对于有要求不合理，或虽然合理但难以办到的要求，如果游客有不友好的言行，导游人员在进行耐心解释的同时，还可以采取舆论调控的办法，即通过做旅游团领队或团中有影响的游客的工作，使之在团内形成舆论的强大压力，以使其言行受到一种无形的约束；对于那些由于价值观和政治观点不同的游客的过激言行，导游人员应正面阐述我国的立场和观点，从而达到求同存异的目的；若有游客站在敌对的立场对我国的有关历史、法规和政策进行恶意的歪曲、攻击或污蔑，导游人员应理直气壮地予以驳斥，必要时可向有关部门报告；对有违法行为而又不听劝告的游客，或已经严重触犯我国的法律、并可能对国家安全造成危害的游客要给予高度的重视，密切注意他们的动向，采取果断措施进行调控，如按照规定及时上报旅行社和有关执法部门，使问题得到及时、有效的解决。就旅游团队整体而言，调控的方法主要有两种：

第一，分割法。所谓分割法就是巧妙地利用各种条件把团队成员有效地分离开来，切断传播链，避免游客之间相互影响，一哄而起，联合闹事，然后再针对具体的人和事，采取恰当的调控措施。

第二，移情法。所谓移情法就是指通过组织一系列有吸引力的活动，促成团队成员形成新的关注点，以平息因少数游客闹事而引起的情绪波动。

（二）协调导游服务链中的关系

1. 导游服务集体成员的关系

（1）导游服务集体的任务。由领队、全陪和地陪组成的导游服务集体，主要是从事为游客提供并落实食、住、行、游、购、娱等各项服务工作，以使旅行社销售给游客的旅游产品价值得以实现。由此可见，他们所提供的服务质量如何，将直接影响到游客购买和消费的旅游产品是否物有所值。

从旅游团队而言，服务的对象就是本旅游团的游客。导游服务集体的任务是按照各自的职责和分工，实施团队的旅游接待计划，为团队提供向导、讲解和相关的旅游服务，并协调好各方面的关系，处理好旅游过程中发生的各种问题。

（2）导游服务集体协作共事的基础。领队、全陪和地陪之所以能临时组合在一起，形成一个旅游团队的服务集体，是因为他们有着共同的协作基础。把握这些协作基础对于协调导游服务集体成员的关系非常重要。

1）有基本的服务标准。旅行社签订的合同和《导游服务质量》既是领队、全陪和地陪向游客提供服务的标准，也是他们在工作上相互协作的基本依据，导游服务集体成员在工作中可能会产生一些意见分歧，甚至出现比较尖锐的矛盾，但都必须执行旅行社签订的合同和《导游服务质量》规定的要求，并在此基础上来解决相互之间产生的问题。

2）有一致的服务目标。为游客提供优质的导游服务，是导游服务集体成员一致的服务目标。要通过组织好全程的旅游活动和提供全程的生活服务，让游客获得心理上最大的愉悦感和满足感、物质和精神上最大的享受感，这是导游服务集体成员的共同使命。

3）有共同的服务对象。团队的游客是导游服务集体成员共同的服务对象，是团队的中心。导游服务集体成员的所有言行都必须有利于游客食、住、行、游、购、娱等各项服务安排、落实好，即不折不扣地执行团队的旅游计划，满足游客的各种需要，把游客服务好，让游客高兴而来，满意而归。

（3）导游服务集体协作共事的原则。由领队、全陪和地陪组成的导游服务集体，分别由不同旅行社委派，他们代表着不同旅行社的利益，在工作中又有各自的职责范围，互相之间通常又不熟悉。由于他们之间存在着利益不同、职责不同、工作风格不同，难免会产生意见分歧。然而，为了圆满地完成接待任务，导游服务集体必须互相协作。

从导游服务集体成员所代表的利益来看，全陪、地陪与领队之间的关系实质上就是旅游目的地旅行社与旅游客源地旅行社之间的合作关系。两方面必须以平等互利、互守信用为前提，建立良好的关系，向游客提供优质服务。另外，全陪、地陪更具有共同的国家利益，必须共同维护中国旅游业的国际声誉，他们还必须共同执行国家制定的政策、法规和服务标准。因此，国内导游服务集体成员之间更没有丝毫理由不协作共事，否则，将损害旅行社的利益，甚至有损国家的信誉。

当导游服务集体成员之间出现矛盾时，各方应当相互尊重，求同存异，以旅游协议为依据。因为旅游协议是旅行社之间、旅行社和游客之间的协议，各方都应遵守，它是导游服务集体协作共事的原则基础。具体原则有以下几方面：

第一，切忌本位主义，主动争取各方的配合。作为一个集体，应该相互协作，互相补台，积极配合，切忌以自我为中心，从本位主义出发。

第二，尊重各方的权限和利益，做到平等对待。导游服务集体成员虽然职责不同，所代表企业不同，扮演的角色也有差异，但却没有高低、主次之分，彼此间应本着互相尊重，互补、互利的原则，切忌越权，侵害对方的权利和利益。

第三，主动沟通，达成一致意见。为了能使相互间配合默契，导游服务集体成员应主动相互沟通信息，交换各自的意见，协调一致，即使有分歧也应开诚布公。

第四，互相学习，建立友情关系。导游服务集体成员之间互相学习，既能使各自增长知识、获取经验，体现出谦虚谨慎的处事态度，又是互相尊重的具体表现。

第五，勇担责任，切忌指责。在工作中若出现了问题和事故，导游服务集体成员都应从大局出发，分清责任，敢于负责，切忌相互埋怨、指责或推卸责任。

（4）地陪与全陪、领队的关系。地陪作为地方接待社的代表，与全陪、领队是以遵守协议为前提进行合作共事的工作集体，他们的关系是合作伙伴关系。处理好这种关系是旅游团队旅行活动顺利进行的重要保证。

处理好与全陪、领队的关系主要有以下几方面：

第一，尊重并支持他们的工作。由于领队和全陪是全程陪同旅游团游客游览观光，游客对他们的信任度要超过对地陪的信任度，因而他们在旅游团中具有很大的影响力，发挥着举足轻重的作用，取得他们良好的合作可以使地陪的工作更加顺利。地陪对领队、全陪的尊重，就是要尊重他们的人格，尊重他们的工作，重视他们所提出的意见和建议，尊重他们的权利和利益；遇事多与他们商量，多给他们面子，让他们在游客面前表现出导游员在旅游团中的突出地位和重要作用。地陪还应多做事，让全陪，特别是领队多得掌声。如：旅游日程商定后，可请领队或全陪向全团宣布；每天的活动安排确定后，包括出发时间、集合地点，可由领队或全陪通知游客；旅游团入店时的住房分配、离店时的注意事项、出行李时间和行李的清点都可发挥领队或全陪的作用。支持他们的工作，就是当他们在工作和生活上遇到困难和麻烦时，地陪要努力给予支持和帮助；当旅游团内出现纠纷，全陪或领队与游客之间产生矛盾时，地陪不应介入，要尊重他们的工作权限，但在必要时可协助他们履行各自的职责。

第二，互相沟通，避免正面冲突。具体沟通和磋商的内容通常主要有：首先，旅游团活动日程的最终确定。地陪在旅游团抵达后，要主动同领队或全陪一起商量日程安排，听取他们的意见和建议。但是，如果他们提出较大的合理变动要求，应请示旅行社，经旅行社同意后，再做适当调整；其次，旅游计划被迫更改。如果遇到意外情况，导致旅游接待计划无法实施时，地陪应首先同领队或全陪磋商，讲清楚更改计划的缘由，争取他们的理解、支持和合作，并请他们一起做好游客的工作；再次，旅游故障或事故发生后处理措施。在旅游过程中，如果游客的钱物被盗，或受伤住院，或在旅游过程中走失等，地陪应主动争取领队和全陪的配合，共同安抚好游客的情绪，维护游客的合法权益。最后，主动征求领队和全陪对导游服务的意见和建议，听取他们关于游客的反映。

第三，有理、有利、有节。在导游服务中，不乏有人为突出地位，讨好游客。在这种情况下：首先，地陪避免被动，但要注意策略、方式和方法；其次，做好游客的工作，争取多数游客对工作的理解和支持；最后，对全陪或领队的苛求，要有理、有利。如提醒他们类似的要求已超出了旅游协议规定的范围和标准，但方式应采用伙伴交谈式，交谈时要心平气和，坚持以理服人，以情动人，不卑不亢，一如既往地与他们保持合作关系。

2. 相关接待单位的关系

（1）与相关接待单位协作的基础。导游人员作为旅行社的代表，与旅游团队的相关接待单位是一种优势互补、互惠互利的合作关系，具体表现为以下几方面：

1）在树立市场形象上有一致的要求。旅游接待单位作为游客旅游目的地的旅游企业，与导游人员所在的旅行社一样，均负有为旅游目的地树立旅游形象的责任和义务，因为只有旅游目的地在整个旅游市场上有了良好的形象，作为这一地区的旅游企业的生存与发展才有了不竭之源。

2）在工作上有共同的联系纽带。无论是旅行社，还是相关的接待单位，都是独立的企业法人组织，在经营活动中都以法规为依据，有规范的操作程序和游戏规则。如在旅游产品交易中双方都签订合同，即以合同的形式来维系旅游接待服务链健康而稳定的正常运转，也就是说商业合同是旅行社和相关接待单位之间的联系纽带。商业合同具有法律效力，任何一方违约，都必须承担法律责任。

3）在实现企业利润上有相互的依赖性。利润是任何企业都非常关注的一个最具实质性的问题，因为没有了利润，企业就没有了生存的条件。然而，作为旅游目的的旅游企业，其相当一部分利润是依靠与旅行社的合作而获得的；旅行社作为游客的代理人向相关旅游企业购买旅游产品，引领游客到旅游目的地进行消费，离不开相关旅游企业的配合和支持。因此，相关接待单位只有与旅行社相互配合，密切协作，才能完成游客的整体接待任务，实现利益的共享。从这个意义上说，他们之间在经营上既相互分工，又相互合作；在利益上既相互排斥，又相互依赖。

（2）协调相关接待单位的关系。具体如下：

1）尊重相关接待单位人员的劳动。相关接待单位人员的劳动是其对导游人员工作支持的具体表现，他们的劳动效率直接影响到游客对导游服务质量的整体评价。所以，导游人员要协调好相关接待单位为游客提供的产品和服务，首先必须尊重他们所付出的劳动。具体说，就是对接待单位的人员要平等、真挚；要主动为接待单位做好服务工作创造各种有利的条件，如及时通报游客的有关信息，协助他们做好服务缺陷的补位工作等；要及时对接待单位人员所付出的劳动和所给予的支持、配合表示诚挚的谢意，为建立长期的合作关系创造良好的人际氛围。

2）进行及时、有效的沟通。及时、有效的沟通是导游人员做好同相关接待单位协调工作的一种有效手段。如：旅游团的活动日程一旦发生变化，导游人员应尽快通知相关接待单位，使他们在人员、物质、时间上有充分的应对准备；游客对住宿、餐饮、购物一旦产生意见，导游人员必须立即向相关接待单位反馈，以使游客的意见得到及时、有效的解决。

3）协助弥补供给缺陷。协助相关接待单位弥补服务供给中的缺陷是导游人员做好协调工作的一项重要内容。相关接待单位服务供给上的缺陷既是其自身的服务质量问题，也是旅行社提供的旅游产品服务质量问题，既会影响相关接待单位的市场形象，也会影响导游人员所在旅行社的市场形象，所以，导游人员协助相关接待单位弥补服务供给中的缺陷，也是对导游服务整体质量所做的弥补工作。如：游客在某餐厅用餐时，游客对餐厅的卫生和菜肴质量非常不满，导游人员应从维护游客合法权益出发，按照合同的规定向餐厅提出交涉，建议他们及时采取有效的改进措施，让游客满意，这样一方面使游客的要求得到满足；另一方面也维护了旅游目的地和旅游企业的形象和声誉。

3. 旅游团成员的关系

（1）善于协调与游客的关系。为游客提供优质服务，使游客得到最大的需求满足是导游人员与游客搞好关系的根本途径。游客对服务的需求，除了功能服务，还有心理服务。所谓功能服务就是旅游协议规定的，游客有权享受的服务项目；所谓心理服务也称情绪性服务，就是在心理上对游客施加影响，使其在精神上获得享受并留下难忘的印象。因此，只有正确认识导游人员的角色内涵，努力满足游客的功能服务和心理服务的需求，才能真正协调好导游人员与游客的关系。

1）尊重游客，满足其自尊心。① 对待游客的态度要热情、友好；② 重视游客的意见和建议；③ 尽量满足游客合理而可能的要求；④ 增加旅游活动的参与性，满足游客“自我体现”的心理需求；⑤ 礼貌待客，不破坏游客的隐私；⑥ 真诚公道，不欺诈游客。

2）对待游客要一视同仁。一视同仁是处理人际关系的一项行为准则。导游人员与旅游团中的每位游客都应保持同等距离。

3）主动与游客交往，建立伙伴关系。导游人员与游客的交往是短期交往，要在短期的交往中缩短彼此间的距离，建立友情关系，唯有增强交往的主动性，注意与游客互相沟通信息，多提供有人情味的服务。必须指出的是，导游人员在与游客交往过程中应注意把握交流的方式。

（2）善于协调游客之间的关系。一般来说，游客出门旅游都有交友的愿望，他们希冀和谐、愉快的旅行生活，而不愿与人发生矛盾。但是，由于旅游团是游客的群体，是临时性的，游客个体之间存在着性别、年龄、性格、动机、文化程度、社会地位、信仰习惯、爱好、观念等方面的不同，难免会产生分歧和矛盾。导游人员要带好一个旅游团，必须增强旅游团内游客的内聚力，促成从众行为。否则，旅游团内的矛盾和分歧会不断发生、发展，从而影响游客的情绪和旅游活动质量。

1）善于促成旅游团游客的从众行为。从众行为是行为科学的名词，是指群体成员个人服从或遵循群体活动规则或行为标准，与不从众行为相对。不从众行为，是指表面反对，内心也反对，属于破坏群体行动的行为，往往会影响旅游计划的进行。导游人员应认真对待，可采取的方法有：如个人的不从众行为使旅游计划无法进行，后果严重。导游人员应向个别游客说服不从众的后果，设法说服其改变原有的态度，服从群体活动；如个人的不从众行为不会影响群体活动，则在做适当的安排后，应允许个人自由活动；如个人确因不可克服的困难（如家中有急事或因病不能随团活动等），则应按特殊事件向旅行社汇报后，做出妥善处理。

2）善于协调游客之间的关系。如前所述，游客之间时有矛盾发生，如不妥善处理，将会影响群体的正常活动。这种矛盾大致有两类：①纯属游客间的矛盾。游客在彼此交往中，因利益冲突或意见不合，饮食、就寝习惯不同而产生矛盾；②因导游人员工作失误而引起游客间的矛盾。游客为争得旅游车较好的座位产生矛盾。

（三）把握旅游活动节奏

（1）避免城市间旅游活动内容的雷同或重复。一般来说，组团旅行社在制订全程活动计划时，已注意各城市间旅游活动内容尽可能不雷同或重复，但有时也难免会有旅游活动内容的类型相近。例如：苏州游寒山寺，上海游玉佛寺。这时，导游人员在带团游览过程中，就应避轻就重，注意突出各自的主题，苏州寒山寺应突出“钟楼”，而上海玉佛寺应突出“卧佛堂”。对于计划外的项目，导游人员应掌握前几个城市活动安排的信息，避免雷同或重复。如同样安排游览夜景，上海一般安排在南京路、外滩，体现其动感，而杭州则应安排夜西湖，体现静态。旅游购物也如此，如杭州、苏州都以丝绸闻名，但在苏州参观了丝绸工艺，在杭州就不应再重复安排了。

（2）把握好导游讲解的节奏。导游人员讲解的节奏体现在讲解的音量、速度、声调、停顿等方面。讲解的音量要适中，音量过高听起来刺耳，影响美感，音量过低令人费解、听不清楚。在使用话筒时，要注意距离适当，太近了声音浑浊，太远了影响扩音效果。首先，讲解的速度应做到与观赏景物的出现同步；其次，讲解语速的快慢要相宜，该快则快，该慢则慢；最后，要根据对象、所讲内容来变换讲解速度。对年轻人要快一点，对老年人可慢一些，甚至可做适当的重复讲解。对需要进行文字记录的对象也要慢一些，特别是讲到重要内容时可适当进行重复，便于他们对重要内容的记录。当讲完某一景物或情节，游客的注意力转向观赏对象时，则可稍加停顿，让他们静静观赏和品味。例如，当游客登上长城，站在巍峨的城墙上，一定会有诸多感慨，此时导游人员的讲解就可停顿下来，给他们自我陶醉的空间。又如，面对九狮石、九马画山等象形景物，导游人员在向游客讲解观赏目的后，就可停顿下来，让游客去寻找、发挥想象。

（3）对不同个性心理特征游客导游节奏的把握。

第一，对活泼型游客，导游人员要满足他们爱交往、爱讲话、好表现的个性；

当需要活跃团内气氛时，导游人员可调动他们的积极性，发挥其特长，他们一般较乐意表现自己；当旅游活动中遇到麻烦和问题时，导游人员可请他们一起出点子或请他们一起帮忙，应尽量满足他们兴趣多变的需求，但当他们的点子与活动日程有冲突时，导游人员应坦率地做好说服工作。

第二，对稳重型游客，导游人员要尊重他们，不能因为他们对服务不挑剔而怠慢他们，而要主动为他们服务。导游人员要经常主动向他们问好，与他们交谈，让他们感受关怀。他们一般不愿麻烦别人，但当他们提出要求时，导游人员应设法满足。导游人员对他们说话时，速度要慢一些，声调要低一些；参观、游览和购物时，他们往往喜欢仔细观赏、反复比较，导游人员不要催促他们，应给予足够的时间，当然也要照顾到全团游客。

第三，对急躁型游客，导游人员在服务过程中要做到办事利索、准确，他们就会满意。当他们不喜欢听或看时，他们常常会随意离开，这时导游人员要注视其动向，以免影响团体活动计划。他们还常常不注意掌握时间，导游人员应经常提醒他们。购物时较为冲动，导游人员要切实当好购物参谋。当他们与其他游客发生冲突时，导游人员应沉着、冷静，以顾全大局的姿态去影响他们，也要安抚其他游客。

第四，对忧郁型游客，导游人员应主动接近他们，对他们给予关心体贴，但不宜过分热情，也不宜与其谈笑，而应以行动感化他们。导游人员还应避免触及其心理隐私，如他们主动诉说不幸，则可借机开导他们。在安排住房时，导游人员应尽量把他们安排在僻静位置，避免与急躁型、活泼型游客同房，以免影响他们休息。导游人员还可给他们一些“特殊的照顾”，认真对待他们的意见。

（4）根据旅游动机，把握导游节奏。人们外出旅游的动机是多种多样的。这是由于游客需求多样性和旅游本身是复杂象征性行为及综合性社会活动所决定的。这里主要选择以下常见的四类旅游动机进行简单分析：

第一，观光型。观光型游客的主要目的是游览名胜古迹、自然风光，了解风土民情，在游乐中获得知识，陶冶情操。所以，导游人员在安排活动日程时，应尽量突出文化古迹和风景名胜；讲解要注意知识性，不仅要使他们知其然，还要让他们知其所以然；要尽可能地引导游客的审美活动；日程可安排得紧凑些。在生活服务上，要让他们吃得满意，住得舒心，玩得开心；还要适当安排购物，满足他们的购物需求。

第二，探亲访友型。探亲访友型游客的主要目的是重温旧情、故地重游，抒发怀旧之感。这类游客中尤其以定居海外的华人、华侨居多。导游人员应尽量安排他们故地重游，积极做好安排他们与亲友见面的工作，认真对待亲友同游的要求；讲解时，要以对待“亲戚”“朋友”的口气和态度。

第三，度假疗养型。度假疗养型游客的主要目的是休息、放松。导游人员在为这类游客安排日程时不可太紧张，节目要有新鲜感、舒适感，还可安排必要的保健活动，使他们达到度假、放松的目的。

第四，商务会议型。商务会议型游客的主要的目的是洽谈业务、同行交流。导游人员在安排参观、游览时要做到少而精，对本地有特色的旅游纪念品进行介绍，当好购物顾问。[1]

（四）做好特殊游客的服务工作

1.对儿童的服务工作

在旅游团队中，成年游客携带儿童旅游是常见的现象。为此，根据儿童的生理和心理特点，做好关心和照料工作是导游人员义不容辞的职责。

（1）照顾好儿童的安全。好动是儿童的天性，所以，在旅游服务中导游人员对儿童的安全要给予高度的重视，要不时地提醒其家长带好自己的孩子。在一些环境比较复杂的场合和缺乏安全保障的地方，为了吸引他们的注意力，导游人员可给他们讲些有趣的童话和小故事，防止他们乱跑摔伤或走失。

（2）照料好儿童的生活。儿童生活照料包括用餐照料和起居照料。用餐时，由于儿童个子小，很难适应成人的餐桌和椅子，对于外国儿童来说，还会碰到使用中餐具的困难。因此，导游人员应根据儿童的这些情况，在用餐前同餐厅联系，安排好他们的用餐事宜，如提供专供儿童使用的座椅、刀、叉、勺等。在起居方面，导游人员应根据气候变化，及时提醒其家长给孩子增减衣服或带好雨具，如果到北方旅游，由于天气干燥，导游人员还要提醒家长多给孩子喝水等。

（3）掌握好"四不"原则：在旅游活动中，不宜突出儿童而冷落了成年游客；不宜为讨好儿童而给其买食品或玩具；不宜单独带游客的孩子外出活动；儿童生病，不宜建议其家长给孩子服药，更不能将携带的药品给其服用，而应建议其家长送孩子到医院诊治。

2.对残疾游客的服务

在团队接待中，导游人员经常会碰到一些残疾游客。面对这类游客，导游人员要做好充分的心理准备，要给予他们更多的尊重和关照，使服务更加周到和细心，并注意方式、方法，千万不要有意无意地伤害他们的自尊心。

（1）对截瘫游客的服务。根据活动日程安排，明确他们是否需要轮椅，如果需要，应提前通知饭店和有关单位进行准备；如果乘坐地铁类交通工具，还应与车站管理部门取得联系，请车站及时开放残疾人专用电梯；与计调部或有关部门联系，安排方便这类游客存放轮椅和其他物品的旅行车；提前到机场办理有关手续，以便导游人员直接进贵宾厅接待他们。

---

[1] 张惠芬．导游业务[M].北京：中国财政经济出版社，2007.

（2）对视障游客的服务。接待有视力障碍的游客，导游人员应将其安排在前排就座，以方便他们下车和揣摩导游人员的讲话内容；在导游讲解中，导游人员应主动站在他们的身边，让他们产生一种亲近感，并获取更多的信息；在参观游览中，凡能触摸的东西或物品应尽量引导其触摸，如果有的东西或物品按规定不能触摸，或触摸后会产生危险，导游人员应以非常委婉的方式对其及时进行提示，以免产生意外。

（3）对聋哑游客的服务。对聋哑游客的接待，导游人员应更多地从他们的语言障碍去考虑，让他们尽可能克服语言障碍，接受更多的外界信息，从而在旅游中获得更多的快乐和美的享受；如果在旅游车上，应将其安排在前排就座，以便他们在导游人员讲解时可通过辨别口形来获取信息；如果团队中有聋哑游客，导游人员在讲解时，应尽可能面对他们，并有意识地把讲解速度放慢，使他们能了解更多的讲解内容，如有可能的话，在关键问题上还可以用手势语做一些强调和补充。

二、导游语言艺术

语言是人类所特有的用来表达意思、传递信息、交流思想的工具。人类语言体系的建构以语音为物质外壳，以词汇为建筑材料，以语法为结构规律。随着行业的发展，人类语言体系中又形成了多种多样的行业性语言，导游服务语言就是诸多行业性语言中的一种。

语言是导游人员进行导游服务的重要工具和基本形式，语言表达是导游从业人员最重要的基本功。导游服务语言除了讲解语言之外，还有与游客及有关旅游接待单位接触时所使用的交际语言。

（一）导游语言认知

1. 导游语言的内涵

导游语言是导游人员在对游客提供服务时所表现的一种专业化语言形态，如导游人员说话时的语速、声调和音色等。所谓专业化就是它必须符合行业的规范要求，具有鲜明的专业色彩。

导游语言有广义和狭义之分。从广义的角度说，是导游人员在导游服务过程中必须熟练掌握和运用的所有含有一定意义并能实现沟通目的的一种符号；从狭义的角度说，是导游人员对游客进行导游讲解、传播知识、实现沟通和交流思想的一种富有表达能力的生动形象的口头语言。

语言是导游人员进行导游服务的重要工具和基本形式，语言表达是导游从业人员最重要的基本功之一。导游服务效果的好坏在相当程度上取决于导游人员掌握和运用语言的能力。导游人员掌握的语言知识越丰富，驾驭语言的能力越强，运用得越好，游客就越容易领悟，信息传递的障碍就越小，所起的作用就越大。

众所周知，导游服务涉及食、住、行、游、购、娱等旅游活动的各个环节。导游服务语言内容十分广泛，主要包括餐饮服务语言、住宿服务语言、交通服务语言、游览服务语言、购物服务语言和娱乐服务语言等，而这些服务语言又是通过称呼、问候、介绍、寒暄、聆听、交谈、发问、答问、讲解、解释、暗示、告别等表达形式来实现的。

导游服务语言的重点是游览过程中的现场讲解。现场导游讲解由导游人员、游客、景物、传递媒介以及时间、环境等要素构成。现场导游服务语言的传递手段包括：口头语言、体态语言和导游人员的自身形象。其本质就是导游人员在特定的时境中，借助语言这一特殊艺术，通过对人文或自然景观进行讲解，以满足游客求新、求异、求知、求美需求的一种面对面的信息交流活动。

2. 导游语言的特性

语言表达是在特定的环境，特定的社交场合，面对特定的对象而实现的。导游服务语言的表达时空跨度大，场合多变，内容丰富，对象复杂，因而形成自身的特性。

（1）情感性。尽快接近游客，消除导游人员与游客的心理距离，取得游客的信任，激发和维持游客的游兴是导游成功的关键，这就决定了导游服务语言必须具有情感性。

（2）互动性。导游服务语言的互动性表现在两个方面：一是语言表达的主体（导游人员）与客体（游客）往往都处于一种空间移动的动态之中，尤其在导游讲解的时候，这种状况表现得尤为明显。这种语言表达的主体与客体同时流动与媒介（语言）本身的流动交互在一起，无疑构成了导游服务语言互动的第一个层次。二是语言表达的主体与客体往往处于一种交互状态，形成相互影响，相互制约的关系。显然，主体与客体的交互状态构成了导游服务语言互动性的第二个层次。导游服务语言的互动一般都是通过“客问我答”“我问客答”和“自问自答”以及体态语的交流来实现的。

（3）现场性。导游服务语言特别是导游讲解总是随着参观游览的进程直面具体的人和物。根据游客的兴趣爱好，有选择性地见人说人、见物说物，是导游讲解特别是沿途介绍的基本要求。不具有现场性的讲解，就不具有导游讲解的属性。

（4）形象性。形象性是与直观性联系在一起的。导游人员首先要通过讲解，善于把游客眼前的人和物的表态模型描绘得栩栩如生，还要把与之产生联想中的人和物描述得有声有色，以强化导游服务语言的吸引力和感染力。

（5）创造性。导游服务语言时空跨度大，场景多变，内容丰富，对象复杂，面对如此多变的语言环境，导游人员要使语言成为游客美的享受，甚至成为人生的启迪，只有不断地进行创造。创造是导游服务语言保持常青的源泉。

（二）导游语言的原则

1. 诚实有信的原则

导游服务语言必须真实，这是导游服务语言运用的基本原则。导游服务语言的诚实有信原则，要求在语言内容上做到以下方面：

（1）介绍内容要真实。导游讲解要言之有据，决不能哗众取宠，凭空想象，胡编乱造。导游人员带团之前对所游览景区（景点）的讲解内容要认真准备，对于没有把握的问题要进行资料核实，一时不能核实的问题，宁可暂时不讲，也不应使问题透露给游客，造成以讹传讹。要敢于抵制少数景区（景点）不实宣传资料的误导，也就是说导游人员既要防止误导别人，也要防止被别人误导。

（2）承诺要有信。承诺要有信是指导游人员说话要讲信誉。中国是个礼仪之邦，自古以来就有“人无信不立”的名言。旅游团（者）在旅行游览过程中肯定会碰到各种问题，游客也会不断提出各种意见和要求。根据经验，旅游团（者）的档次、标准越低，提出的意见与要求也就越多。导游人员对游客提出的各种意见与要求，既要积极回应，又要慎重对待。

2. 规范性的原则

所谓规范就是指标准和范式。普通话是汉语口语交际的标准。因此，导游服务语言的规范性，就是要使用全国通用的普通话。如果接待的是外国游客，就要使用其本国的标准语言或英语（在游客听得懂的情况下）。导游服务语言的规范性有以下几点基本要求：

（1）表达形式要注意礼貌性。礼貌待客是旅游行业对从业人员最基本的规范要求，这种要求渗透在对客服务的各个方面，因为礼貌体现了服务人员对游客的应有尊重。导游人员礼貌用语的基本要求是：在一般场合，说话要面带微笑，与游客交谈时要尽可能使用敬称、敬辞和敬语，要平等地对待每位游客。

（2）表达内容要注意逻辑性。导游服务语言表达内容要注意逻辑性，是指在导游服务过程中，导游人员的语言要符合游客的语言思维规律，利于游客对导游服务语言的理解。

1）语言表达要保持连贯性。连贯性是逻辑性的基本要求，没有连贯性，逻辑性就无从谈起。讲解保持连贯性，就是要善于运用形式逻辑和辩证逻辑的方法，从时间和空间的角度，把不同景观的由来与内涵归纳到一个确定的、前后一致的、有条有理的状态，启发游客欣赏和认识景观（包括自然景观和人文景观），特别是认识景观演变的历史规律，以及同社会历史文化演变的辩证关系。当然，导游人员讲解时间有限，对景点内容的表达一般不能全面系统，更不能面面俱到，在这种条件下，导游服务语言如何实现连贯性，值得导游人员在实践中很好地去探讨。

2）语言表达要有层次性。所谓层次性就是导游人员一定要根据景区（景点）的景观布局的“自然存在”，按游览线路确定前后次序，明确讲述的前后内容，使之景景相扣、层层递进。

（3）用词要注意跨文化性。导游人员面对的是不同文化习俗、不同性别、年龄与职业的游客，在语言表达过程中如果不注意跨文化性，偶尔会产生一些“文化障碍”与“文化冲突”，现代导游服务语言的规范性应从世界的通用性及以游客所在国的母文化这样一个全球范围来考虑。因此，导游服务语言必须考虑其跨文化性，要注意世界区域文化的差别，否则，规范性必然大打折扣。

（4）遣词用句要精确。遣词用句是语言表达的基础，因为语言是由词句组成的，没有语句不成语言。精确的遣词用句表现在两个方面：一是不生造词语，不说（译）错词，没有不合乎语法习惯的句子，或中国式的外语表达方式，没有歧义、混乱现象；二是在并存的多种语言表现形式中选择最准确、最具表现力的语言表现形式。

（5）读音准确，吐字清楚。语音是语言的物质外壳，是语言信息传递的外部载体，也是语言表达的基本形式，没有语音，就没有语言可言。因此，读音准确，吐词清楚是对导游人员规范用语的最基本的要求。读音准确就是不能读错字，做到“字正腔圆，掷地有声”。形式总是和一定的意义相结合。普通话的声母、韵母和声调均有辨义的作用。

（6）音量、语速适中。音量是指说话时声音的强弱程度。在旅游服务实践中，饭店服务人员因为有环境制约效应，说话时的语音一般都控制得比较好，然而导游服务由于空间变化大，缺乏环境制约效应，语音控制有一定的难度，因此，导游人员要控制好语音，首先要有语音意识，要认识到语音失控是粗俗的表现，不仅影响导游质量，也有损于自己的形象；其次，要掌握语音控制的原则。具体有：首先要根据游客人数的多少和导游周边环境的变化来调整音量。人数多，在室外（特别是在野外），环境嘈杂时，导游人员的音量可适当提高，直到游客能听清楚，反之音量就要适当降低；最后，根据导游讲解和谈话的内容来调节音量。对于一些重要的内容，关键性词语或要予以强调的信息，要加重音量，以加强游客对这些信息的印象，感受和理解，反之就要降低音量。

语速是指说话时语流速度的快慢。在导游实践中，一般情况下语速应该适中，要善于变化。语速调节的依据：一是讲解对象；二是讲解内容。

（7）语气得当。语气是说话人在使用语言时表达出来的情绪和态度，说话过程中的疑问、陈述、祈使、感叹等语言表现都是语气的具体体现。语气得当，可以充分表达导游人员对游客的深厚情感，使游客倍感亲切。语气词是表达口气语调的。口语交际中的语气词与话语声音的高低、快慢、轻重、强弱密切配合，互为表里，生动显示话语基本含义之外的附加信息。与实词相比，它比较朦胧，往往在表达一个明白的信息时，同时传达出一个含蓄而又意味深长、耐人寻味的信息。为此，导游人员如果留意，还可以从游客说话的语气中捕捉到其他对改进服务有价值的信息。

3. 灵活性的原则

所谓灵活就是导游在语言交际和讲解介绍中，要注意看人说话，看事说话和看时说话，说到底就是要注意语言的针对性和时效性。特别是在导游讲解过程中，讲解内容的详略取舍、讲解角度的选择以及讲解技巧的运用都必须根据游客的各种具体情况以及各种具体旅游环境灵活掌握。导游服务语言的灵活性原则主要体现在以下三个方面：

（1）要看人说话。导游讲解介绍一定要根据具体的对象，满足不同层次游客的需要。导游人员在与游客的交际过程中，要从游客的角度出发，防止词不达意或以语伤人。

（2）要看事说话。所谓看事说话就是导游人员要根据不同的事物及同一事物的不同属性做出不同的语言反映。看事说话更多地表现在导游与游客的语言交流之中。如在接受游客投诉时，就要根据问题情节的轻重，采用不同的语言、语气与语调予以应答。

（3）要看时说话。在导游讲解时，很多旅游景观都会在不同的时间段，不同的气候显现出不同的形态或景色。导游人员要善于把握这些变化，因时调整语言。此外，导游人员在与游客交谈时，还必须注意特定的语言环境。这里讲的语言环境，包括导游人员说话的时间、地点及社会条件和自然条件等。

（三）导游语言的讲解方式及技巧

1. 景区导游讲解的方式

景区导游讲解的方式主要有行进式讲解和定点式讲解两种。行进式讲解即导游人员把讲解与引领进行有机的结合，也就是人们通常所说的边走边讲，这种方式主要用于对景区过渡性、转折性和一般性景观的讲解；定点式讲解就是导游人员根据特定景观的观赏角度、景区环境和游客人数，选择一个有效的位置进行讲解，定点式讲解主要是针对重点景观，有时导游人员为了避让游客的拥挤，也可以临时插入定点式讲解节目。[1]

景区导游讲解不在于多，更不在于杂，而在于“精”“巧”“妙”，这是人们对景区导游讲解技法的基本主张。所谓“精”就是对讲解内容要进行反复提炼，要注意突出重点和特色；“巧”就是要投游客所好，迎合游客的口味；“妙”就是讲解要根据内容要求，把单向信息传播变为双向交流，在与游客的互动中有感而

---

[1] 唐由庆. 景区导游 [M]. 北京：高等教育出版社，2006.

发，妙趣横生，点到为止，让游客想听，听完后还有无穷回味的感觉。

导游人员讲解的时候，如何选择好合适的位置，直接关系到讲解的效果。众所周知，导游人员、游客和景观是构成景区游览的三大要素，游客在游览过程中要有效地与景观进行对话，必须依靠导游这个媒介，正是从这个意义上人们认为在景区游览过程中导游人员处于一种轴心的特殊地位，认清这一点，对于导游人员正确选择讲解位置非常重要。景区导游讲解的位置首先取决于讲解的方式。如果是行进式的讲解，导游人员应根据景区地形和游客的人数来选择合适的讲解位置：人数较少，景区路面比较平缓的，导游人员可走在队伍的前面采取倒走的方式，面对游客进行讲解；人数较多，道路比较宽敞的，导游人员可走在队伍的前侧，侧对游客进行讲解。定点式讲解可选择的位置很多，主要有直面式、侧向式、同向式和圆点式等。

（1）直面式，即导游人员面对游客、背对景观进行讲解。此时，游客的队伍可排成“一字形”和“半圆形”。这种讲解位置主要适合于对近距离景观的讲解。

（2）侧向式，即导游人员侧对游客进行讲解。此时，游客队伍可排成纵队，导游人员的一侧为游客，另一侧为景观。这种讲解位置安排主要是受景区地形的限制，不是导游常用的讲解位置。

（3）同向式，即导游人员与游客一起面向景观进行讲解。此时游客队伍排成“一字形”，导游人员最好站在靠近游客前方的一侧，以免遮挡游客的视线。这种讲解位置主要适合于对远距离景观的讲解。

（4）圆点式，导游人员站在游客中间进行讲解。此时，游客围成一个大圆圈，导游站在圆圈的中间。这种讲解位置安排多受场地、景观状态的限制，主要适合于在一些场地比较宽敞，游客人数比较多，而景观正好独立地设于地面的中央。

导游人员在选择讲解位置时，还要考虑与游客的空间距离。距离太远，游客不仅听不清导游人员的讲解，而且还会在情感上产生一些疏远的感觉；距离太近，游客会产生一种压抑感，异性之间甚至还会感到不适。一般说，导游讲解时与游客保持多少距离，主要取决于游客的人数和所讲景物的大小，人数少，所讲景物体形小，距离应近一些，通常在1~2米为宜；游客人数多，所讲景物体形大，距离应远一些，通常在2~3米。另外，来自不同国家或地区的游客，空间距离也有区别。导游人员的语音大小高低要根据当时的环境而定，手势的幅度不要过大。这些技能常识在各大景区讲解中都是通用的。

2. 景区讲解的技巧

景区讲解的技法很多，具体包括分段法、重点法、虚实法、触景生情法、问答法、悬念法、类比法、画龙点睛法等，当然还包括讲解基调、场景、时机、情感、语气的把握。在导游技巧的运用上要注意区别不同的接待对象。如对一般的游客，导游人员可多使用一些虚实法、问答法、触景生情法等，而对文化层次较高的游客效果可能就不一定理想。[1]

导游讲解要融知识性、趣味性、科学性于一体。导游讲解的过程是导游人员创作、创新的过程，没有恒定的统一模式，但仍然有着内在规律。文化是景区导游的核心，追求文化品位是景区导游讲解的一个永恒主题。如自然景区可以根据游客的兴趣，从审美、科学成因、文化、生态等不同角度去讲；人文景区则依据游客的文化背景和出游目的可从历史、人物、建筑、风俗、文学艺术等角度去讲。当然，不同景区、不同场景、不同对象、不同季节与气候、不同角度又有不同的讲解技法。

如何根据不同类型的景区把握好讲解的基调，也是景区导游讲解必须面对的一个共同话题。总体而言，导游讲解应做到突出重点，但不要以偏概全。对于不同类型的景区，导游讲解的基调如何来确定，事关游客的认同感是否能与导游人员保持一致，牵涉导游讲解是否具有实效。一般而言，自然山水讲解应使游客有一种轻快的体验，园林建筑讲解应体现导游人员的儒雅之气，文物古迹讲解应给游客一种凝重之感，红色旅游景观讲解应表现出庄重的历史责任感，主题公园讲解应展示一种高亢的情调，海滨景观讲解应体现一种浪漫与激情，等等。与讲解基调相联系的是语言风格的把握。通常说，语言风格应与讲解景物、讲解对象和导游人员个体气质、修养相吻合，或风趣幽默，或平和舒展，或朴实简洁，或严谨翔实，或情真意深，或激情昂扬。

总之，景区导游讲解成功主要取决于三大要素，即景区和景观知识的熟悉程度以及讲解中对这些知识的综合运用；讲解方法和语言技巧掌握的熟练程度及具体运用；根据游客兴趣爱好、讲解时景区环境与气候对讲解内容及语言风格、方法、技巧的自我调适。讲解过程中，导游人员要精选内容，有备而讲，分清主次，突出主题；要虚实结合，形神兼备，讲求科学，生动有趣；要有疏有密，有张有弛，有始有终，给游客留下想象的空间；要善于察言观色，灵活应变，情感上不断与游客产生共振和共鸣。

---

[1] 王连义．导游技巧与艺术 [M]. 北京：旅游教育出版社，2003.

第六章　互联网时代下的导游服务模式研究

在互联网的新形势下，现今旅游者的旅游方式发生了较大转变，已不再满足于过去流程化的服务方式，他们更希望获得个性化量身定制的优质服务。本章重点围绕导游服务模式与规律性、“网约”导游服务模式现状及服务创新发展以及互联网新形势下我国“网约”导游新模式进行研究。

第一节　导游服务模式与规律性

一、导游服务模式

模式是指某种事物的标准形式或使人照着做的标准样式。导游服务虽然有国家制定的统一标准或规范，对服务程序和服务质量提出了要求，但是，对导游员如何按照这些要求完成旅游协议或约定规定的服务内容没有也不可能有统一模式。不同的导游人员在按照统一的要求在完成接待计划的旅游服务项目时其工作的方式和表现出的行为特征是不一样的。有的导游人员对旅游活动采取全面控制的方式，要求游客的行为服从自己的行为；有的导游人员则相反，对游客的旅游活动采取主随客便的方式，即根据游客的需要来调整自己的行为；另有一些导游人员对旅游活动采取既不完全实施全面控制，又不完全主随客便的方式，并在主、客关系上表现出较大差异。[1]

由此可见，不同的导游人员在为游客服务的方式上和其行为表现上各有自己的个体特征。然而，对于这些不同的个体特征可以按照一定的标准来进行归类，使之各类分别具有相同或相似的特性。导游服务模式就是建立在对这些不同服务方式和行为特征进行分类基础上的概括性描述。

导游服务模式的研究意义在于：有利于导游人员根据主客两方面的情况选择适合的模式开展导游服务工作。虽然在导游活动中，导游人员始终处于主导地位，

---

[1] 陶汉军，黄松山．导游服务学概论 [M]. 北京：中国旅游出版社，2003.

然而服务对象的情况是千差万别的，导游人员要做好导游服务工作，需要在了解游客的兴趣、爱好和个性特征的基础上选择合适的服务方式。这样，才能更好地争取游客的合作，使主客之间在整个旅游活动中和谐相处，根据情况的变化适时调整自己的服务方式。导游服务是一种面对面的时间上相对较长的人际交往活动，导游人员和游客之间的这种交往是有目的的，须遵循一系列社会公认和市场通行的行为准则。如果游客旅游目的没有实现，或者旅游接待单位没有兑现其承诺，未按协议规定提供要求的服务，就会在导游人员和游客之间的交往形成不和谐，甚至冲突。对这种情况，导游人员应适时地调整自己的服务方式，采取相适合的服务模式，以取得交往中主客关系的一致性。

（一）导游服务模式的类型

导游服务主要反映的是导游人员同游客之间的关系，即服务者与被服务者之间的关系。这种关系从不同的角度来看，二者所处的位置和所扮演的角色存在着互置的情况。若从旅游目的地接待游客角度出发，导游人员同游客的关系是主客（或主从）关系，即游客是客人，处于从属位置，导游人员代表旅游目的地接待他们，导游人员是主人。然而若从游客购买和消费旅游产品的角度说，游客则是主人，导游人员代表旅游目的地向其销售旅游产品和服务便处于从属位置。因此，从在导游服务中导游人员同游客之间这种关系存在的互置情况出发，导游服务模式可分为三种类型：即以导游人员为中心的导游服务模式、以游客为中心的导游服务模式和主客相互交融的导游服务模式。

1. 以导游人员为中心的导游服务模式

以导游人员为中心的导游服务模式是指由导游人员来主导游客旅游活动的服务方式。按照这种模式，游客的旅游活动自始至终都置于导游人员的控制之下。无论是旅游活动项目的具体安排，还是导游讲解的内容和方式，也无论是计划内项目游客希望的调整，还是计划外游客的要求，都置于导游人员的调控之中。导游人员运用自己的智慧和才能，或按照自己的个性来引导游客、吸引游客，使游客按照自己的意愿开展旅游活动。

采用这种模式的导游人员在行为特征上存在着两种决然相反的情况：一种是积极地全身心投入，积极地向游客提供导游服务，态度严肃、认真，按照接待计划规定的内容一丝不苟地进行落实，努力使自己的导游讲解有声有色，使自己的服务符合规范的要求，注重导游服务质量的提高。总之，他们对工作尽职尽责、严于律己、慎重从事。因此，他们对可能影响旅游计划顺利实施的计划外的要求，一般不轻易答允；另一种则是消极地。消极地则以见多识广的心态去看待导游服务，以不变应万变的原则对待游客的期望与要求，对景点的讲解照本宣科，对服务规范的要求能简化就简化。

导游人员上述两种心态和行为特征，虽然在对客服务上存在着明显差异，然而在导游服务模式上则是共同的，都是以导游人员为中心。他们对导游服务诸多环节的考虑和实际行为都是从自身的立场出发，而对游客的期望和要求则不愿眷顾，不管这种要求是否合理，是否有可能办到。

2. 以游客为中心的导游服务模式

以游客为中心的导游服务模式是指以尽量满足游客需要为主旨的服务方式。按照这一模式，导游人员以赢得游客的最大满足为服务宗旨。他们细心地观察游客的行为举止，认真分析游客的喜好，对游客的忧虑甚为体贴，对游客计划外的要求甚为关注。在行动中，他们把计划内的旅游项目和计划外的旅游需求密切结合起来，把激发游客的游兴和解决游客的实际问题密切结合起来。总之，他们把取得游客的信任、博得游客的喜好放在首位，尽力根据游客的特点来调整自己的服务方式。因此，他们同游客之间在情感上能实现较好沟通，很受游客赏识，易于得到游客配合与支持。

采用这种模式的导游人员的行为特征主要表现在两个方面：一是服务型，服务型竭力为游客提供热情、周到、细致的服务，他们不仅善于洞察游客的心理，并根据其需要来组织和安排参观游览活动，而且善于代表旅行社协调和处理与相关接待单位的关系，尽力解决游客的个别需求，即使某些不太容易实现的需求，也会设法予以满足；二是情趣型，情趣型则尽力投游客之所好，他们不仅善于察言观色，而且善于调动游客的情趣，使游客的旅游活动既轻松又愉快。这类导游人员一般性格开朗、热情活泼、比较年轻，他们往往有一技之长，或能歌善舞，或擅长幽默，加上对游客的关怀和周到的安排，使旅游活动丰富多彩，充满了情趣，因而也能赢得游客的赞赏和掌声。

导游人员上述两种行为表现，虽然在表现形式上不完全相同，然而他们在对游客服务的态度上则是共同的，即尽可能设法满足游客的需要。它们都属于以游客为中心的导游服务模式。虽然这种模式大大弥补了以导游人员为中心的导游服务模式的不足，然而，同以导游人员为中心的服务模式中的第一种表现相比较，则疏忽了在导游讲解上的内容，因而在担负传播旅游目的地文化的职责上存在一定欠缺，尤其是对于那些通过旅游获取知识的游客来说则显得更为不足。

3. 主客相互交融的导游服务模式

主客相互交融的导游服务模式是指在导游人员与游客之间的交往过程中相互尊重、相互配合、情感相通、供需协调的服务方式。按照这种模式，导游人员向游客提供的面对面服务的核心，按照近年来许多企业管理学家和营销学家的观点，是实现双方的相互交往，而在交往中，消费者和服务人员都同样重要，他们都是服务“生产”的参与者。只有服务人员尊重消费者，为其提供热情、友好、周到的服务，尽力满足消费者的需要，绝大多数消费者对服务人员的劳动也是尊重的、理解的，也愿意遵守社会公认的消费行为准则，愿意配合服务人员的工作。这样，服务人员的态度、技能、行为方式和主观感觉便会同消费者的态度、感受的技能、行为方式和主观感觉趋于一致，达成相互交融，从而使产品和服务的供给同消费者对产品和服务的需求实现协调，消费者满意，服务人员的劳动也得到社会认可。

完成任务是指消费者和服务人员都能完成各自的任务，即消费者实现了消费的需要，服务人员实现了服务的目的。

满意是指消费者和服务人员都会根据自己的期望来评价满意程度。例如，消费者会评估自己对服务的感受，自己是否得到了服务人员的关心，服务人员的服务是否满足了自己的需要，自己是否参与了服务过程的控制；服务人员也会评估自己对消费者的感受，如自己的劳动是否受到了消费者的尊重，所提供的服务是否得到了消费者的配合，自己能否控制服务过程等。

导游服务是导游人员同游客之间服务与接受服务之间的关系，在提供服务和接受服务的过程中，只有实现了主客之间的相互交融，即在态度上、情感上、服务内容上、服务质量上和满意程度上双方达到了和谐一致，才是理想的服务模式。

（二）决定和影响导游服务模式的主要因素

在导游服务模式中，以导游人员为中心的服务模式和以游客为中心的服务模式是两种极端的服务模式，在实际导游服务工作中，其所占比例很小，而大部分导游服务均处于两者之间，其中一部分处于以导游人员为中心的服务模式和主客交融的服务模式之间；另一部分则处于以游客为中心的服务模式和主客交融的服务模式之间。

导游服务模式比例分布是从导游服务整体的长期趋势出发所做的理性分析，而不是就某个时期和某个地方进行的描述。虽然它只是一种理性分析，但是，当其与导游人员和游客的心理、性格结合起来考察，导游服务模式比例的这种分布还是基本符合实际的。因为导游服务模式的这种分布是与以下因素的影响密切相关的。

1.权力制衡因素

导游服务虽然直接表现为导游人员与游客之间提供服务和接受服务的关系，然而实际上反映的是旅游产品和服务的需方和供方的买卖关系。在这种商业关系中，买卖双方都会努力行使属于自己的权利。游客有购买和消费优质产品和服务的权利，对质次性行为的产品和服务有向有关机构投诉或通过法律程序索赔的权利。导游人员则代表旅行社的利益有按照销售协议规定的内容、标准和条件提供产品和服务的权利，有要求游客尊重导游人员人格和劳动的权利，有在危及游客人身安全的紧急情况下，征求多数游客同意调整或变更接待计划的权利。在这里，双方行使自己权利的实质就是争取对导游服务过程的控制权。导游人员和游客谁有较多的权力控制导游服务过程，是由两者行使权利意识的强弱和行使权利的能力决定的。其中游客行使权利的能力是以其支付的货币、时间、精力为基础的；而导游人员行使权利的能力则是以导游讲解、服务技能和旅行社的利益为基础的。如果游客对服务过程的控制居支配地位，导游服务的模式将以游客为中心或偏以游客为中心；如果导游人员对服务过程的控制居支配地位，则导游服务模式将以导游人员为中心或偏以导游人员为中心。

2. 自我概念因素

自我概念是指人们对自己这个客体的全部看法和感觉。一个人的自我概念同其行为有密切的关系。并且，一个人对自己的认识常常与测验的实际结果或他人观察的结果不同，甚至相反。在旅游中，游客的自我概念对其消费行为和对待导游服务的行为会产生较大的影响。

在行为学家看来，关于自我的性质有两种理论，即单元素理论和多元素理论。单元素理论的重点是分析实际自我或现实自我，即对自己实际形象的认识；多元素理论则从多方面认识自我，它包括现实自我、理想自我、社会自我、理想社会自我、预期的自我和表现性自我等。其中，理想自我是指一个人希望自己最好有什么样的形象；社会自我是指一个人感觉他人对自己有什么样的看法；理想社会自我是指一个人希望他人对自己有什么样的看法；预期的自我是指介于实际自我与理想自我之间的一种自我形象；表现性自我是指理想自我或社会自我。

在导游服务中，导游人员与游客都有自我形象问题。对导游人员来说，要实现现实自我、理想自我、社会自我和理想社会自我形象的一致性，就必须根据自己的导游服务能力有意识地选择服务模式，代表旅行社向游客提供和帮助其进行旅游产品和服务的消费；对游客来说，购买和消费旅游产品和服务是一种最能体现游客自我形象的形式。如果游客感觉导游人员提供的产品和服务同其自我形象一致，他就会觉得这位导游人员是专门为自己这一类消费者服务的，从而会在心理上感到满足，在行为上给导游人员更多的配合和合作，它说明导游人员采取的服务模式是恰当的。反之，如果游客感觉导游人员提供的产品和服务同其自我形象不同或有较大差距，他就会觉得这位导游人员不是或不全是为自己这一类消费者服务的，从而在心理上会感到不满意或满意程度较低，在行为上便会有不同的表示，它反映了导游人员的服务模式需要进行变换或调整。由此可见，导游人员和游客的自我概念对导游服务模式会产生一定的影响。

3. 个性因素

个性是指在一定的社会条件和教育影响下形成了一个人怎样对其所处环境做出反应的那些内在心理特性。其特点主要包括三个方面：一是个体的差异性，即不同的人有不同的个性；二是相对稳定性，即一个人的个性在条件不变的情况下，具有相对持久性；三是可变性，即在条件变化的情况下会发生改变。

个性的上述内涵和特点对导游人员的服务方式会产生一定的影响。虽然导游人员在向游客提供导游服务主要受旅游接待计划和导游服务规范的制约，然而在按照这些计划和规范完成规定的任务的方式上却要受导游人员个性的影响。不同个性的人，其行为方式也不同。在导游服务中，属于支配、自主型个性的导游人员可能更多地、自觉不自觉地采取以导游人员为中心的服务模式，而属于依从、慷慨助人型个性的导游人员则可能更多地、有意无意地采用以游客为中心的服务模式。

除了导游人员的个性对导游服务模式有影响外，游客的个性也会间接地对导游服务模式产生影响。如果游客的个性与导游人员的个性呈互补关系，如游客的个性是依从型，而导游人员的个性是自主型，或者相反，则导游人员采用的导游服务模式可以较好地实施；如果游客的个性与导游人员的个性是相同的或是类似的，如都是自主型，或都是依从型，则导游人员的服务模式须得进行调整，才能收到较好的效果。

二、导游服务的规律性

规律是指事物发展过程中的内在认识本质联系与必然趋势。这种联系是事物本身所固有的，并不断地重复出现，在一定条件下经常起作用，从而推动事物朝着某种方向发展，所以任何事物都存在着自己的发展变化规律。

规律是客观存在的，是不以人的意志为转移的，人们既不能创造规律，也不能改变和消灭规律。但是，人们可以通过实践认识它、利用它，以指导实践活动，并限制某些规律对人类生活的破坏作用。规律是看不见摸不着的，只有通过对事物发展过程中呈现出的种种现象进行分析研究，从感性认识上升到理性认识，才能认识它。科学的任务就是揭示客观规律，并在认识的基础上利用它来指导实践活动。

导游服务规律是指在导游服务过程中支配服务的运行和服务质量提高的有关规律性。导游服务虽然是人类社会生活中的一种服务。但是，由于它是向游客的旅游活动提供全方位的服务，所以，涉及的方面和环节甚多，而这些方面和环节都存在着内在的必然联系，它们对导游服务的运行和服务质量起着支配作用。揭示和认识这种支配作用同导游服务水平提高的关系是导游服务学的一项主要任务。它对指导导游服务工作具有重要的意义。

影响和决定导游服务的规律至少有以下三个方面：

（一）游客心理活动方面的规律

人们出外旅游是以金钱、时间和精力的支出为代价的，通过这种支出来换取旅游中的所得。精力表现为出游期望或出游目的。虽然不同的游客其期望的具体目标不尽相同，但期望的实现则是共同的。它是支配游客整个旅游活动过程中心理活动的主宰力量，无论是出游前、旅游中，还是旅游活动结束时，这种力求实现的期望在游客心中始终处于支配和主导地位，直到旅游结束时，这种心理是不会改变的，因而是恒定的。

然而，在旅游过程中，即到达旅游目的地之后，由于处在一个新的环境中，在这个环境中接触到的人和事会对他（她）产生影响，使之可能在其心中萌发新的期望，产生新的要求。这种新的期望或要求可能是原有期望或目标的进一步延伸，即期望值的提升，也可能是与原期望或目标不同类型的新的期望或要求。这种新的期望或要求是在原期望或目标之外的进一步扩展。无论是原期望的提升，还是原期望的扩展，它们都是游客在新的环境条件下临时心态的反映，它们同原期望或目标之间不是替代关系，而是游客旅游心理活动的必然趋向。

根据游客心理活动的这种趋向，导游人员在向游客提供服务时，一方面要了解游客的出游动机或目的；另一方面又要注意游客旅游过程中的心态变化和提出的新的要求，在思想上要有正确认识，在行动上根据主客观条件妥善处理游客原有期望和新生期望的关系，更好地满足游客的需要。

（二）文化传播方面的规律

导游服务对文化和知识的传播，既不同于新闻媒体的传播，也不同于课堂讲授。在这里，是通过引导游客参观游览进行的，虽然缺乏系统性和连贯性，然而是连续的，即通过导游人员面上讲解、线上讲解、点上讲解和即兴（或专题）讲解，使游客对旅游目的地文化有一个总体了解和认识。

（1）面上讲解。面上讲解侧重于旅游目的地的基本情况，使游客对目的地有一个概略性了解。

（2）线上讲解。线上讲解是就旅途中所见所闻进行的讲解，它对游客了解目的地文化起补充作用。

（3）点上讲解。点上讲解是对参观游览的景点进行的较为详尽的讲解，它可以帮助游客比较详细地了解目的地文化的个性特征或侧面。

（4）即兴讲解。即兴讲解是根据游客问询的话题和要求进行的拓展性的专门或专题讲解，它对游客了解目的地起深化作用。

以上四者密切相连，既是导游人员传播旅游目的地文化的四个主要环节，又是使这种传播逐步深入的过程，即由个别到一般、由具体到抽象、由简单到复杂、由现象到本质的过程，使游客对目的地的了解由感性认识逐步上升至理性认识，这就是旅游文化传播的规律性。

根据人类认识事物的这种规律性，导游人员应把握好这四个环节（虽然它们并不完全按顺序排列）讲解的重点和所起的作用，有意识地处理好它们之间的关系，使导游讲解更好地发挥文化传播的作用。

（三）导游艺术风格形成方面的规律

导游艺术风格不是天然生成的，而是导游人员在长期的导游实践中通过自身的努力不断探索、不断总结、不断创新的结果。这里，自身努力是基础，不断探索是实验，不断总结是方法，不断创新是成果。创新并不是不要规范，而是在规范的基础上超越。具有自己艺术风格的导游服务是遵循规范，但又不拘泥于规范，而是高于规范，超越规范，将规范规定的共性标准同自己个性特征实现的完美结合。具体来说，导游艺术风格的形成大致可分为三个阶段，即求同阶段、化同阶段和求异阶段。

（1）求同阶段。求同阶段主要有两方面的任务：一是学习；二是熟悉。学习包括阅读有关导游书籍、资料，背诵导游词，跟老导游一起上团等；熟悉包括导游服务规范、旅游景点情况和有关方面（如民航、铁路、水运、公路运输、出入境、行李运送、入住饭店）的运作等。在学习和熟悉的基础上，使自己的导游讲解和各项服务符合导游服务规范的要求，以保证游客基本需求的满足。

（2）化同阶段。化同阶段主要表现在求同的基础上进一步的消化、理解和灵活熟练的运用。导游人员需在语言、知识、组织能力、应变能力和自我修养等方面有比较好的功底，同时还要对游客和客源地的基本情况、文化、习俗等有较多的了解。

（3）求异阶段。求异阶段是导游艺术风格的实际形成阶段，即在前两个阶段基础上结合自己的个性进一步发挥自身才能的阶段。其主要特征是将自己的个性融入共性的导游服务规范之中并使其带有与他人不同的艺术特点和个性特征。要做到这点，导游人员除了要具有上述语言、知识等方面较高的功底之外，还要具备将各种知识有机组合、提炼的能力，对中国文化、艺术具有较高的鉴赏能力，对一些复杂的情况或突发事故有比较准确的判断、分析和处理能力，对某些问题有较深入的研究和独到的见解，以及具有自信的勇气和能力等。这样，导游人员才能在不断进取、不断创新的工作实践中，使自己的导游服务具有异于他人的某种艺术风格。

以上三个阶段概述了导游艺术风格的形成过程，也是导游艺术风格规律性的表现。导游艺术风格无固定的模式，导游人员只要有心，肯下功夫，在实践中勇于探索，不断实践，不断总结，逐步形成自己的导游艺术风格的目标是可以实现的。

第二节　“网约”导游服务模式现状及服务创新发展

“网约”导游是为用户提供的，在微信或其他网络平台上为自己行程选择导游的服务，安排好薪酬、行程以及相关旅游需求等，确保自己与导游开始一次顺心如意的旅程。自2016年5月起，我国导游行业便正式开展导游自由执业试点，导游行业开始向专业化、自由化、多元化的方向发展，极大地促进导游行业在市场化中分离出更多的独立个体经营者，与客户洽谈导游业务。用户在“网约”平台进行选择时，平台会提供基本的导游信息，此外还会提供相关的收费标准、线路设计和服务评价等。基于这些信息，用户能选择符合自身需求的旅游线路，挑选合适的导游，甚至也可以自己定制线路。由此可知，导游自由执业不仅给导游更灵活的自主权，也给游客更多的选择空间，让导游由过去单一的服务方式转为多渠道的服务模式，更便于旅游行业实现信息对称。

一、“网约”导游服务模式的发展现状

随着互联网的不断深入发展和智能手机的普及，以及我国高铁和高速公路的飞速发展，缩短了城市之间的距离。现今人们的旅游方式从观光型旅游过渡到体验旅游和休闲度假游，使得传统的导游服务已无法适应旅游者的需求，同时旅行社也面临着巨大的挑战。目前我国导游服务面临着以下的困难：

（1）游客需求少，导游服务费偏高。当前国内最低“网约”导游市场价为300元，导游的收费标准与资历经验有关，经验越丰富的导游收费越高，一名优秀的导游收费标准是1000~2000元/天。国外向导的服务费用同样不菲，在发达国家，如美国、日本，平均日服务费在900~1000元。近年来，选择自由行的人数越来越多，普通人并不愿意花费一笔钱请导游协助自己的旅程，与抱团平均分摊导游的费用相比，单独请导游价格不菲。其实“网约”导游的概念并没有深入民众心中，是“网约”导游需求少的直接原因。

（2）导游队伍良莠不齐，服务水平偏低。目前，我国“网约”导游入门的门槛低，人群构成复杂，有普通白领、学生、运动教练等，大多数导游没有受过专业的训练，拉低导游业整体服务水平，导游的个人能力参差不齐，在很大程度上影响“网约”导游培训工作的有效实施。

（3）“网约”导游监管存在困难。监管是“网约”导游走向正规化、规模化的有效措施，而“网约”导游摆脱传统旅行社管理的模式下，旅行社对其薪金、制度等约束有限，仅平台很难对导游进行有效监管，同时，“网约”导游属于新型行业，市场制度尚未健全，服务漏洞多。导游出现服务问题时，导游个人承担风险能力与旅行社相比更弱，无法为游客权利提供保障。

（4）导游权益难保障，导致大部分导游不愿意加入“网约”导游队伍。传统导游行业依附于旅行社生存，而“网约”导游则需要强化自己个人能力，比如：包装自己的导游能力、推荐特色旅行路线、定制个性化旅游服务等，对导游而言更具挑战性和困难性，而且脱离旅行社成为个体经营者的费用很高。

二、“网约”导游服务模式创新发展

创新“网约”导游服务模式的构想主要从服务理念、服务方式和服务内容三方面进行探讨。

1. 服务理念

（1）强化导游职业责任感。导游肩负着传承文化的历史使命，要树立崇高的执业理念，导游必须有丰富的人文知识、地理知识和历史知识，要结合旅行线路，为游客扮演知识传播者的角色，谈古论今，将时代性与历史性有机结合，适当地拓展旅游内涵，宣扬我国优秀传统文化，加深游客对景点的认知，为我国实现文化强国建设贡献一分力量。

（2）培养“网约”导游传递快乐、热爱工作的工作理念。要转变人们对“网约”导游的看法，树立“网约”导游的良好形象，“网约”导游应热爱本职工作，增强职业认同感和自豪感，“网约”导游应将这份工作当成毕生追求的事业，用热爱生活的精神去感染游客，以诚信和敬业的品质，获得游客对自身的尊重和信任。

（3）“网约”导游要创新思维，培养多元化执业理念。在经济飞速发展的新时代，“网约”导游不能仅局限于导游专业知识，还要拓宽自己的服务范围，不断扩展“导游 + 技能”的职业理念，紧跟时代发展步伐，做一名敢想敢做、开拓创新的新时代“网约”导游。因此，“网约”导游要发挥自身主观能动性，突出特长，弥补短板，实现导游个性化与多元化相结合。

2. 服务方式

（1）开展多个服务渠道。在信息高速发展的时代，导游要学会利用高新技术设备，运用互联网、大数据等高新技术，对自身服务、产品进行设计、包装，对旅游行业的发展进行分析。优秀的导游要做到线下与线上共同推进，相互融合，不拘泥于传统旅行社的生存模式，搭建属于自己的网络平台，发展自己的渠道，提高自身在行业的影响力，获得认可与关注。

（2）提升服务策略。导游要提高自身的服务意识，为游客打造一场完美的旅游，导游要将游客视为家人和朋友，用爱心、热心、耐心、真心、细心对待每一个游客，这样不仅能避免旅程中不必要的矛盾发生，也能在游客心中树立良好形象，获得认可，拓展自己的服务资源。导游要掌握游客心理因素，不断优化自己的服务和产品，以此吸引更多的游客。

（3）提升服务质量。一名优秀的导游需要在旅游线路选择和设计时，考虑到游客的食宿需求、安全需求、社交需求等，在旅游服务中表现出自我关怀，与游客进行情感的交流和互动。

3. 服务内容

（1）扩展知识面，提升文化品位。导游市场竞争日益激烈，尤其在导游自由执业后，不仅游客有更多的选择权，导游也有更多的服务机会。导游行业转向高质量发展阶段，服务质量差的导游必将被淘汰。因此，导游要提升自己的服务质量，强化自身专业知识能力，积累大量知识，通过大量阅读，提升自己的文化品位和知识修养，打造自身导游文化，利用自己的内涵吸引游客。此外，导游要实现自身服务品质，还应该主动参加相关机构或政府组织的培训，在专家和学者的指导下，提高自己的眼界和认知深度。

（2）深入剖析旅游资源，提升游客旅行体验。导游要深度发掘旅游资源，根据历史背景、地域特色，结合旅游美学因素、心理学因素、政治经济因素、城市因素、文化因素、风俗习惯等，设计出独一无二的游览主题，赋予旅行活动文化内涵，使旅游景点爆发出新的活力，增添旅行的教育性、趣味性、体验性。

（3）调研游客需求，创造自身旅游产品特色。"网约"导游要掌握游客心理需求，优化服务内容，摒弃传统烦琐与时代脱节的服务项目，创造新内容，如：深海潜水、球迷朝圣、摄影团、极地探险、温泉保健等项目。导游要专攻某一项特长，找准旅游产品定位，创造出具有特色的旅游品牌。

（4）培养个人气质，提升形象价值。导游要提高文化素养，树立良好的个人形象，利用个人魅力吸引游客群体，导游要拉近与游客的距离，主动为游客讲解，提供暖心服务。

三、"网约"导游服务模式的对策与建议

（1）充分利用互联网大数据的优势，进行全方位的监督。导游服务的质量直接关系到游客的权利和企业的声誉。因此，利用现在的数据优势对"网约"导游的服务质量全过程进行监督是当务之急。逐步完善导游责任保险制度，旅游权益保障制度和保障一系列的合法权益。只有保证这些"硬件"，游客、导游和旅行社才能在保护各方权益的基础上依靠法律在旅游市场发挥自己的价值。

（2）建立科学的考核体系，采用导游信用公示制度。监管部门和第三方平台要建立相应的信用评估体系，充分发挥政府、社会和媒体的监督和保障作用。一是建立健全旅游监督机制。旅游行政管理部门应将导游的诚实信用状况纳入导游年度考核指标体系；建立导游专业信誉档案，所有违反指南的行为，如违约、拒绝服务或侮辱游客等，或由此引发的投诉，均应列在信誉档案中。旅游行政管理部门通过明察和暗访的形式加强对导游服务过程的监督，并在旅游过程中及时调查和处理违规行为。同时加强媒体在舆论监督中的作用，在新闻媒体以及互联网上发布相关旅游信息，以舆论引导的方式要求导游自觉遵守职业道德。二是完善社会监督体系。导游须在"网约"旅游行程开始前签署游客服务承诺书，并利用网络即时更新导游服务过程中的各个环节，以便游客动态监督导游和旅游活动。

（3）强化导游培训机制，提高旅游行业准入门槛。导游的培训和学习是决定其服务质量的关键因素，是一项长期的任务，贯穿于导游队伍建设的始终。目前很多年轻的导游上岗工作之前，大部分没有机会接受系统的专业的实践培训；而且在工作之后，接受学习的机会又很少。因此，要与旅行社、学校、社会机构等部门合作，利用互联网的先进手段，为导游提供全面培训机会，尤其是对职业道德、服务意识、大数据相关知识进行系统培训。同时，还应在高校的人才培养方式上更加合理和系统化，避免未来上岗培训中的“填孔”式应急培训。

（4）健全薪资制度。旅行社除了提高企业吸引力和优化管理机制外，还需要建立合理的薪酬体系。旅行社可以实施公平的考绩制度，可以将“网约”导游在导游服务中的表现和游客的评价纳入绩效考核制度中，遵循公平和效率的薪酬分配原则。还可以将导游人员的个人诚信和平台的信誉也作为绩效工资的参考。此外，旅行社和导游服务人员也应协商处理导游人员的社保及医保费用的缴纳比例，使得导游服务人员在导游服务过程中没有了后顾之忧。这样不仅使旅行社有证据确定导游的工资。它还可以提高导游的服务质量，吸引更多优秀的导游服务人才。

综上所述，随着中国互联网经济的不断深入发展，传统的导游服务形式必将发生变化。“网约”导游作为一种新的业态，在发展过程中虽会遇到一些问题和制约因素，但是在今后的旅游业发展中会随着旅行社业务的变化和游客需求的更加多样化、个性化，成为导游服务的一种不可或缺的形式。

第三节　互联网新形势下我国“网约”导游新模式研究

一、“网约”导游定制新模式的产生

随着旅游业的不断发展，导游服务中存在的问题开始显现，为改善这一状况，国家旅游局拟推行导游自由执业，并指定 9 省市作为试点，于 2016 年 5 月发布《导游人员自由职业试点工作通知》。依照通知要求，四川成都、吉林长白山、海南三亚、广西桂林以及湖南长沙与张家界等地将首开“网上 + 线下”导游模式。新型定制模式——“网约”导游将在浙江、江苏、上海、广东四省市试点推行。全国导游制度改革试点会议在黑龙江省哈尔滨市召开，国家旅游局在会议上启动了全国导游公共服务监督平台。

导游自由职业，顾名思义，导游可以更自由地为游客提供相应服务，获取劳动报酬。导游自由职业的模式设计主要是为解决旅游市场中长期存在的乱象，如强制购物、欺骗消费者、推销自费等。此外游客还能根据自身需求通过“网约”导游模式选择符合要求的导游，“网约”导游的模式主要有两种：一是游客在旅行服务平台上预约导游服务，根据游客要求，导游为游客量身定制服务，服务费

用在第三方支付平台交易；二是游客在线下机构预约，一般都是旅游目的地的服务性机构，如旅游集散中心、游客服务中心、旅游信息中心等，导游根据游客的预约信息为其提供当地景点的讲解服务。这种模式与其他“网约”服务和网络购物相似，消费者根据需求选择商品或服务下单，服务者接单并提供相应服务。“网约”导游不仅便于游客选择所需服务，也能让导游的服务更优质。此外，这种模式拥有的评价系统能对导游服务做出评价，并显示在平台上，为游客提供参考。

导游自由执业的出现恰逢其时，据各大在线旅游平台以及旅行社的数据显示，近年来游客的出行方式更偏向于自由行，占到了市场比例的七成，自由行市场的扩大提高了“网约”导游的需求量。从单一的旅行社委派转变为网络平台实现旅行社、游客、导游的三方在线选择，执业渠道的变化让导游的自由度更高，并且可以根据游客的需求灵活变化服务内容，进一步提高导游的个人能力，使导游职业更加专业化。有效的管理体系和多方共同监督是导游自由执业试点实现信息透明化的支撑，信息透明化有利于提高导游服务质量和游客满意度，导游服务工作加强监督和管理能够促进旅游服务市场更好发展。

对游客而言，通过平台选择导游服务更加直观，不仅有导游个人评价做参考，还能够根据自身需求选择个性化的服务，通过支付平台付费更加便捷，服务完成后还可以对导游的服务进行评价。导游要想获得更高的评价和更多的订单，需要提高自身专业能力和服务质量。

二、导游新模式自由职业试点的对策与建议

（1）加强行业监督。导游的服务质量对游客的旅行体验有很大的影响，会影响旅行目的地和相关企业的声誉。大数据时代，可以利用互联网优势对导游服务行业进行监督，把控导游服务质量。完善导游责任保险制，通过制度实现旅游权益保障，硬件措施到位才能使各方的合法权益得到保护，导游、游客以及旅行社都能安心在旅游市场上各取所需。

（2）建立考核体系。科学考核体系的建立有赖于政府、社会、媒体三方的共同作用，通过导游信息公示制度建立导游群体的信用评估体系。

一是旅游监督机制的建立和完善。旅游行政管理部门要履行监管职责，将诚信状况纳入导游的年度考核；针对导游信誉建立专门的个人档案，将导游在服务过程中出现的信誉问题记录在册，如违约、被投诉及投诉原因等。此外还要对导游服务过程进行有效的监督，旅游行政管理部门指派专人进行明察暗访，对导游提供服务过程中出现的违规行为及时进行查处。加强媒体监督，通过媒体及互联网平台发布相关信息，实行舆论监督，促使导游自觉遵守相关规定。

二是社会监督体系的完善。在接受“网约”任务时，导游要对游客的服务做

出承诺，签署书面证明，游客可以通过网络平台服务环节的更新功能对导游进行监督。

（3）加强导游职业培训。导游培训是提高导游专业化程度的重要因素，是导游队伍建设的关键。当前，许多导游在上岗前并未接受系统性的专业培训，缺乏理论基础；上岗工作后，因专业知识的缺乏，导游在实践中获取的经验很难转化为有指导意义的实践经验。因此，对导游的系统性培训迫在眉睫，尤其是服务理念，要强化导游的服务意识，加强职业道德培训，对大数据相关知识的学习理解也不能忽视。高校与旅行社、社会机构共同合作，借助互联网、实践平台等为导游人才提供全方位的培训机会。高校对相关人才的培养要注重全面性，避免上岗后技能缺失造成应急培训现象出现。

（4）健全薪资制度。旅行社的薪酬体系将导游服务表现考虑在内，兼具公平和效率。旅行社对于导游人才的吸引力除了企业本身和人性化的管理外，薪资待遇也是非常重要的一点。公平的绩效考核应包含导游的服务质量、个人诚信度、游客的评价等，绩效考核制度可以大大提高导游的工作积极性和服务质量。旅行社要为导游缴纳一定比例的社会保障金，具体比例应与导游协商达成一致，免除其后顾之忧。健全的薪资制度能够帮旅行社吸引更多人才，也能让导游抛却顾虑专心工作，共同为游客提供优质服务。

第七章　导游服务案例实践探究

旅游活动是一项复杂的、涉及面极为广泛的社会、经济、文化活动。游客在实际旅游的过程中，会发生许多意想不到的问题和情况，这一切都要求导游员在服务中妥善处理。本章重点围绕导游服务中食、住、行，导游接待技巧，突发事件的处理，接待不同客源地及特殊团队游客的服务案例进行探究。

第一节　导游服务中食、住、行案例分析

一、导游服务中食的案例分析

（一）导游服务中让游客吃好的案例分析

山东某地一位导游员接待了一个 16 人的新疆老干部局领导旅游团。该团成员中，9 人为回族，2 人为汉族，5 人是维吾尔族，其中 4 人完全听不懂汉语。由于该团这种情况，旅行社在接待计划中未包含餐食，饮食问题需要导游员在接待中妥善解决。于是，该导游员便利用接团空余时间，不辞辛苦，想尽了各种办法，以保证该团游客吃好、玩好，最后圆满地完成了接待任务。如果接待该团，该如何解决这些游客用餐和部分游客完全听不懂汉语的问题？

服务提示：

首先，由于该团的上述情况，旅行社难以安排该团的集体餐食，将困难留给了接团的导游员，该导游员迎难而上，精神可嘉；其次，该导游员本着使游客吃得合口、吃得舒服的原则，不辞辛苦，克服了各种困难，最终得到了他们的肯定。这种一切为了游客的工作态度和努力克服困难的精神值得赞扬。

并且利用各种途径（如上网搜查、打 114 查问、利用自由活动时间出外寻找等）寻找清真餐厅（馆），联系其中餐食质量和卫生条件好的餐厅（馆）进行安排。然后对于部分完全听不懂汉语的游客，可请该团既懂汉语又懂维吾尔语的游客帮助翻译，使他们能了解导游讲解的内容。尽可能事先和在接待过程中向该团游客学习一些最简单的维吾尔语，以方便同那些不懂汉语的游客打招呼，拉近同他们的距离。

（二）团队接待中的“第一餐”

地陪小陈带一个新加坡团入住酒店，协助领队办理完入住手续后，小陈与领队约好 15 分钟后在二楼餐厅集中。15 分钟后领队来到餐厅，小陈已在餐厅等候，但却没见到游客。原来，小陈以为领队会通知游客，而领队也认为小陈会通知游客，结果两人都没有通知游客。小陈和领队赶紧分头去打电话。等游客到齐后，小陈把领队介绍给主管服务员后才走开。用完餐后，领队通过餐厅服务员通知小陈，小陈匆匆赶来与餐厅结账。❶

服务提示：

小陈应按照导游服务程序逐步安排游客的第一餐，同时要按照导游服务质量标准的要求为游客提供良好的服务。

在办完酒店入住手续后，确定每位游客都知道自己的房间。小陈需要向全体游客尤其是领队，详细介绍接下来的就餐方式、时间、地点和其他就餐要求。小陈要提前到达集合点，待游客集合完毕后将其带入餐厅。

进入餐厅后，小陈要先向餐厅的经理、主管或当值领班介绍团队的领队。接下来，再次告知餐厅关于旅游团的一些特殊餐点要求。再接下来，和餐厅服务员一起指引游客落座，向游客详细介绍酒店餐厅的设施、特色的菜品和酒水种类等，还要告知领队同陪在哪里就餐，最后，再次提醒游客餐后集合时间和地点。

用餐开始后，小陈要多方面观察游客的就餐情况，巡察次数不低于两次，向游客答疑解惑，监管餐厅提供的服务。

就餐完成后，小陈需要统计实际用餐人数和酒水数量，按照旅行社和酒店约定的标准，跟酒店结账，如实填写《餐饮费用结算单》。

（三）排队等候用餐的案例分析

某领队带领一旅游团去马来西亚马六甲一家中餐馆用餐时，见一位马来西亚地陪与餐馆老板大吵，原因是该餐馆用餐的旅游团很多，该地陪所接待的旅游团等了好长时间也未用上餐。该领队见状，便对其客人说，车外热得像蒸笼一样，车里有空调，请大家先别下车，等候一下，他和地陪去餐馆看看。果然，餐馆里用餐的人相当多，餐厅里很拥挤，于是二人商定，由领队回车上安抚客人，地陪则与老板接洽。两人保持随时联系，一旦有消息，再带客人下车用餐。作为导游员，在这种情况下应该如何处理游客用餐问题？

服务提示：

首先，由于旅游团队往往有固定的用餐地点，一到用餐时间，团队往往比较

---

❶ 张明清，窦志萍．导游服务案例集选——技巧与提高 [M]. 昆明：云南大学出版社，2007.

集中，因而游客较多。该领队在遇到上述情况下，没有让游客即时下车，而是等候在车上，以免他们站在餐馆外遭受热浪煎熬之苦，心系游客，考虑得甚为周详；其次，他与地陪商定，由自己回车上安抚游客情绪，地陪则去与餐馆老板协商，这样的处置也较为恰当。因为领队对游客情况比较了解，容易做好安抚工作，而地陪对当地情况熟悉，可能多次带团来此餐馆用餐，与餐馆老板打过多次交道，便于对该团游客用餐做出合理的安排。

领队可在带团来该餐馆用餐前，通过地陪了解该餐馆旅游团的用餐情况，与餐馆老板商定好该团游客用餐时间，以避免游客来后长时间等待。并且在约定的用餐时间未到前，适当延长旅游活动时间，待约定的时间快到时再带领旅游团去餐馆用餐，并安排游客入座。做好游客用餐时的服务工作，如餐馆用餐人多时帮助端菜，了解游客对餐食的意见并随时协助解决。

（四）饮食卫生安全的案例分析

天津某旅行社接待了一个从山西来的 30 人的旅游团。在游览天津蓟州区的过程中，导游员告诉游客，山上有很多野果可以食用，如果游客愿意，可以随便摘着吃。有一位游客吃了一种野果后，便觉得不舒服，回来途中即发高烧。经诊断是轻度中毒，和他在一起的其他游客也吃了这种果子却都安然无恙。后来，该游客投诉了旅行社，并要求赔偿。经交涉，旅行社赔偿其医药费 3000 元。

服务提示：

出境旅游或者国内异地旅游，导游员在讲解景物的同时，要时刻注意提醒或警告游客，让他们在欣赏异域风情的同时谨言慎行。

风趣幽默的讲解可以让游客全神贯注地听。但是，当讲解内容关乎游客财产和人身安全时，导游员必须以严肃的态度和严密的语言多次强调危险注意事项，做到防患于未然。

在此次游客中毒事件中，造成游客中毒的罪魁祸首不见得是野果，但是，导游员也有错在先，不应该鼓励游客随便采摘野果，更不该不做饮食安全警告。

（五）游客对餐馆不满的案例分析

导游员小李带一个境外团赴 B 城海滨旅游度假，下榻 B 城的某饭店。当天中午，游客们兴致勃勃地从海滨浴场回来用餐时，一位游客发现餐厅所上的菜肴中有一条虫子，顿时一桌游客食欲全无，有的还感到恶心。游客们当即找到导游员小李，气愤地向他投诉，要求换一家餐馆用餐。面对愤怒的游客，导游员小李首先代表旅行社和饭店向全体游客表示歉意，然后很快找来该饭店餐饮部经理，向他反映了情况，并提出解决问题的建议。餐饮部经理代表饭店向游客作了诚恳道歉。同时，让服务员迅速撤走了这盘菜。为了表示歉意，还给游客加了一道当地风味特色菜。面对导游员小李和餐饮部经理真诚、积极的态度，游客们谅解了饭店餐厅的失误，也不再提出换餐馆的要求。

服务提示：

在此次事件中，导游员小李快速有效沟通，妥善解决游客的不满，让一件能使旅行社和饭店陷入纠纷的事情被大事化小，小事化了地解决。因此，游客的不满能否得到导游员及时妥当的处理，有着重要的意义。

对于投诉渠道，游客的可选项有很多种。根据投诉内容的轻重缓急，依次是导游员、旅行社、旅游行业相关的行政职能部门、消费者协会。对于如何接受并解决投诉，导游员要注意以下几项：

（1）面对投诉，导游员要秉持四个原则。

第一，导游员要保持正常的心态接待发出投诉的游客，不殃及池鱼。一名合格的导游，不仅可以在顺境中如鱼得水地工作，还更敢于在逆境中逆流而上。不管被投诉者是谁，导游员都要保持良好的言谈举止来接待投诉者，以身作则，勇于挑战自己，争取顺利完成投诉处理任务。

第二，导游员要感谢游客的投诉。当旅游出现问题时，出于对导游员的信任，游客才会向导游员表达内心糟糕的感受。游客遇到问题，与其默不作声，对导游视而不见，还不如直接投诉来得直接。

第三，解决游客的投诉就好比是在遍地荆棘中开辟道路。投诉处理得是否完美，关键在于导游员是否能第一时间给予游客满意的解决结果。

第四，如果游客提出的投诉是无理的要求，那么，导游员应多站在游客角度，用最简单易懂的办法让游客意识到投诉的不合理之处。

（2）导游员按照以下几项内容的顺序进行游客投诉解决工作。

第一，与提出抱怨的游客进行初步交流。这一步中，导游者言行举止带给游客良好的感受至关重要。导游员和游客最好选择在干净明亮、安静舒适的环境中进行心平气和的交流。

第二，感同身受地倾听。由于情绪的影响，有的游客在表达投诉内容时在用词或语气上可能会带有攻击性，思路也有可能出现混乱，主观想法居多；有的游客则思路清晰，想法比较客观。对此，导游员应耐心倾听游客的申述，如有必要，需引导游客将内容说得更加清楚具体，以便自己正确理解申述内容。假如游客的情绪非常激动，不能进行正常的交流，那么，导游员应理解游客并提议改时间再谈。

第三，掌握游客申述的中心内容。导游员在交流的过程中要引导游客，从客观的实际情况出发表述具体的事件经过，把握游客所述事实的关键，通过一些办法纠正偏离真相的地方。除此之外，导游员要向游客重复一遍申述的内容，确认自身的理解符合游客的申述要求。

第四，解析判断游客的申述。结合实际调查结果，导游员深刻解析游客的申述内容，判断在服务上是否真的存在游客申述的问题。如果真的有这样的问题，那么导游员应积极主动地解决游客的问题。

第五，制定多种解决办法，权衡利弊，选择最佳办法。如果不能及时答复游客，务必告知游客未做最终决定的原因。

第六，选择恰当的方式方法告知游客最终的解决办法。正确合适的告知方式可以让游客相信导游员的决定是正确、合理的。

第七，跟踪回访。在顺利解决完游客的投诉后，导游员如果一如既往地关心曾经提出抱怨的游客，就会得到意想不到的好收获。

第八，详细梳理并记录投诉事件的来龙去脉，总结处理工作的优缺点，这对以后的工作大有裨益。

二、导游服务中住的案例分析

（一）住房不达标的案例分析

一个16人的北京老年旅游团于2010年11月2日在全陪小关的陪同下赴深圳、香港、澳门和珠海旅游，该团午后抵达深圳，地陪便带领全团游览了市容并用完晚餐。之后，旅游团回到了地陪安排的住处——深圳某农技站招待所。旅游者进房时，发现房间设备既简陋又破旧，连一把座椅也没有，浴室很小，淋浴喷头紧挨洗面盆，中间又无浴帘分隔。旅游者对此意见很大，其中一对老年夫妇见后拒绝进房，并质问全陪小关："你看看，这样的房间就是你们合同上声称的三星级饭店客房吗？"全陪导游人员该如何处理。[1]

服务提示：

首先，根据《旅游饭店星级的划分与评定》，三星级饭店的客房应"装修良好、美观，有软垫床、梳妆台或写字台、衣橱及衣架、座椅或简易沙发、床头柜、床头灯及行李架等配套家具。室内满铺地毯、木地板或其他较高档材料……有卫生间，装有抽水马桶、梳妆台（配备面盆、梳妆镜和必要的盥洗用品）、浴缸或淋浴间；浴缸配有浴帘、淋浴喷头（另有单独淋浴间的可以不带淋浴喷头），采取有效的防滑措施"。显然这样的客房不够三星标准，难怪旅游者意见很大；其次，作为该团全陪，小关对各地接待社的接待服务质量负有监督义务，确保他们的各项安排符合旅游合同的要求，因为根据《旅行社条例实施细则》第三十二条规定，旅行社招揽、组织、接待旅游者，其选择的交通、住宿、景区等企业，应当符合具有经营资格和接待服务能力的要求。

---

[1] 陶汉军．导游服务典型案例与解析 [M]．北京：旅游教育出版社，2013.

全陪应向地陪了解这样安排的原因，在得知 11 月份正是深圳旅游旺季，客房非常紧张，接待社在安排上存在一定困难后，向游客做出如实说明，并为安排的住房不达标向旅游者表示歉意。然后对深圳接待社安排的住房低于合同规定标准的情况，全陪应请接待社地陪将旅游者的意见和拒绝进房的情况转告接待社，并且迅速将此情况报告北京组团社，听取社领导意见，并按组团社和接待社商定的意见办理。另外，按照《旅行社条例实施细则》等五十五条规定，旅行社为接待的旅游者安排不具备合法经营资格或者接待能力的住宿单位，应承担法律责任。

（二）更换住房的案例分析

某领队率领一旅游团赴港澳旅游。该团抵达香港后，下榻帝都饭店。次日早上一位女游客找领队说，其同房的游客打呼噜，使她一夜未睡好，要求另住单间。领队告知她，女客人住单间不安全，她知难而退。可是，第二天她又告诉领队，说她实在难以忍受，昨晚不得不睡在洗手间。于是，领队只好同接待社联系，为她预订了一个单间，但是需付 260 元港币的房差，她听后没有接受，说上次她出国旅游时住的就是单间，并未多付费。领队说，那可能是该团人员因性别关系所产生的自然单间，那是不用付费的。可是，她仍不依不饶，并威胁领队说，今天若不解决这个问题，她便拿着被子睡在饭店大厅里。如果遇到这样的客人和要求将如何处理。[1]

服务提示：

首先，按照我国旅行社现行做法，旅游团游客的住宿都是两人共住一个标准间。本案中该女游客因同房的客人打呼噜，使她晚间不能休息好而提出住单间的要求，应是合理的；其次，面对该女游客的一再要求，该领队先是为她预订了单间，后又进行了耐心解释，虽然为其做了不少工作，但未产生应有的效果，说明该领队所做的工作还不够。

在为旅游团游客安排房间前，导游员应对游客的情况（包括生理情况）有所了解，以减少住房安排时因性格的不同或生理上的问题等因素而产生相互间矛盾的发生。若发生了这种情况，导游员首先通过协商在团内游客中进行调整，若调整不过来，再询问饭店有无空房。若有空房，可安排其住单间，但需支付房差。另外，若游客不愿付房差，导游员可在其他游客的帮助下，对其进行耐心的劝说，使其支付房差，或继续与同房客人同住或在旅游团内进行调整，这时导游员应坚持原则，决不能由旅行社承担房差。

（三）提前退房的案例分析

---

[1] 曹景洲．海外旅游领队业务 [M]. 北京：中国旅游出版社，2011.

2003 年 5 月 6 日，山东烟台市某旅行社的导游员何某接待了一个北京华远旅行社的旅游团。该团在烟台停留 1 天半，下榻芝罘宾馆，第二天下午 3 时乘船赴大连。

5 月 7 日，何某按照当地旅行社的惯例，让游客早餐后将行李拿出客房，由社里行李员装上行李车，运往烟台码头。自己则在旅游出发前为该团办理了离店手续，然后带领旅游团驱车赴蓬莱阁游览。在游览过程中，何某尽职尽责，导游讲解风趣幽默，博得了游客的赞扬。中午，他带领该团在蓬莱阁附近一家海鲜馆用餐，用完餐后，便驱车返回烟台。[❶]

当旅游车抵达烟台码头后，何某才得知，由于海面刮起大风，烟台港务局通知所有客运船舶延迟起航，何某询问港口工作人员何时可以登船，对方的答复是等候通知。游客得知这一情况后，提出回饭店休息。可是，原饭店在何某办理了退房手续后，已将该团游客原住的客房出租给了其他旅游者，无法为该团腾出房间。

服务提示：

首先，在我国旅行社的现行做法中，旅游团若当日离开本地，游客的住房往往在上午就退掉，主要目的是减少旅行社的营业成本。何某在旅游团早上离开饭店时办理离店手续也是出于这一考虑，通常情况下这样做没有什么不妥，但是未能考虑到游客离开的交通工具一旦出现问题时的情况；其次，何某在带团旅游过程中和在旅游团离开蓬莱前，未与烟台港口运输部门进行联系，以致旅游团抵达港口时才得知客轮推迟起航的情况，造成了其工作十分被动的局面。否则，可与旅行社联系，提前为该团做出较妥善的安排。

导游员应将港口推迟客轮起航的决定和目前游客的要求报告旅行社，按照社里的意见办理，并且安慰好游客的情绪。为游客在附近安排一处休息的地方，并随时与港口保持联系，一旦得知客轮起航的消息，便带领游客前往港口登船。另外，若客轮起航时间推迟至深夜和次日，应报告旅行社为该团安排下榻的饭店，并将旅游团推迟抵达的情况转告接待该团的大连接待社。

三、导游服务中行的案例分析

（一）登机在即，客人未到的案例分析

某旅游团于某日早 8 点乘 CA101 航班飞香港，领队约定大家 6 点 10 分在首都机场集合。直到 7 点 15 分，大家左等右等，仍有一位女士未到，打电话也联系不上。[❷]

---

❶ 陶汉军．导游服务典型案例与解析 [M]．北京：旅游教育出版社，2013.

❷ 曹景洲．海外旅游领队业务 [M]．北京：中国旅游出版社，2011.

服务提示：

首先，这位女士不仅未在约定的时间到达首都机场，而且在大家又等了 1 个多小时仍然未到，不管出于何种原因，该团不能再继续等待了，因为按照机场规定，飞机起飞前半小时停止办理登机手续；其次，如果大家继续等待该女士，就有可能造成误机的危险，不仅旅游团不能按时抵达香港，给香港地陪造成空接，而且必将减少旅游团在香港的游览时间，令其他游客十分不满，更为重要的是将会给旅行社造成重大经济损失。

在这种情况下，该团领队应当机立断，停止等待这位女士，并将等待这位女士一直未到而又联系不上的情况报告组团社，然后带领该团其他游客到所乘航班的航空公司服务柜台办理登机手续和离境手续。❶

（二）空中管制导致旅游团延迟抵达的案例分析

郝某带领一个 19 人的旅游团于 19：25 乘坐 CA1336 从桂林飞往北京。该团抵达桂林两江机场后，由于临时空中管制，该航班飞机不能按时起飞。郝某非常着急，一心关注着所乘航班何时起飞的信息，未能及时与旅行社联系，而桂林地陪又是一位新手，遇到这种情况只好听郝某的。加上北京接待该团的导游员与郝某之间都不知道对方的手机号码，以致相互之间无法联系，造成了空接。该团最终于次日上午到达北京，但给北京接待社带来了近 1 万元的经济损失。如果该团全陪遇到机场空中管制，应该如何做。❷

服务提示：

首先，机场空中临时管制时有发生，导游人员应根据情况做好相应的应变措施；其次，全陪郝某在遇到机场空中管制时，积极了解该团航班何时起飞虽然是正确的，但是应将这一情况及时报告桂林旅行社，以便桂林旅行社将情况告知北京接待社，后者能及时通知接待该团的导游员，避免造成空接；最后，全陪接到带团任务后，应做好出发前的各种准备，包括记住该团所经各地接待社和导游员的电话号码。若郝某做好了这一准备，并能及时将由于航空管制造成该团暂时停留桂林机场的情况告知北京接待该团的导游员，不仅可避免空接，而且该导游员也能根据情况及时退掉该团当日到达北京预订的住房和餐饮，避免给接待社造成经济损失。

在遇到机场空中交通管制时，全陪导游员一方面应将空中管制的情况通告旅游团游客，请他们耐心等待；另一方面应及时将这一情况报告桂林旅行社，使其了解该团到达机场后的情况，以便做好采取相应措施的准备。另外，遇到机场空中交通管制后，全陪应与北京接团导游员保持联系，随时将情况告知对方，以便

---

❶ 蒋炳辉 . 旅游案例分析与启示录 [M]. 北京：中国旅游出版社，2003.

❷ 重庆市旅游局 . 导游业务 [M]. 北京：中国旅游出版社，2011.

其根据情况做好相应的工作，或在机场继续等候接待该团，或离开机场并及时退掉该团当日预订的住房和餐食。[1]

（三）入境时旅游团人数减少的案例分析

上海某旅行社招徕的一个38人的马来西亚旅游团，于10月9日下午4:16抵达第一站北京，全陪齐某与地陪宋某提前半小时抵达首都机场迎接该团。当该团所乘航班到达时，两位导游员便手举接站牌迎候在旅客出口处。不久，该团领队带领全团来到了出口，两位导游员立刻迎上，询问该团是否来自马来西亚，是否为38位客人以及领队姓名等。当得知该团有一对夫妇因家中老人去世，临时取消了这次旅游时，宋某马上意识到原为该团预订的客房和餐食应减少两人，于是立即打电话，将此情况报告了旅行社。然后，与该团领队和全陪一起，向行李员交接该团行李后，带领该团游客登上了旅游车。如果你是迎接该团的导游员，得悉旅游团人数减少后，该如何处理。

服务提示：

首先，两位导游员为该团游客提供的迎接服务是与导游服务规范要求一致的，使该团得到及时、热情、友好的接待；其次，当听到该团人数减少了两人时，地陪宋某立刻将此情况向旅行社做了汇报，使旅行社能及时通知饭店和用餐地点，减少一间客房和两人用餐的预订，从而减少了经济损失。

在得知旅游团人数减少后，地陪应及时报告接待社计调部门减少预订的客房和用餐人数，或在与全陪协商后，请全陪暂时照顾一下旅游团，自己与该团下榻的饭店销售部（团队预订的客房，不可自行与前厅服务台联系更改住房数）联系，减少一间客房，与该团用晚餐的预订点联系，重新报上用餐人数，并将以上变更情况报告接待社。地陪还应在现场检查旅游团的签证，并与领队一起到边境检查站注销两位未到中国游客的姓名。另外，全陪应将旅游团人数减少的情况报告上海组团社，请其通告该团行程中下面各站的接待社，或在报告组团社后，自己通知首站以后的各站有关接待社。

第二节　导游接待技巧的服务案例分析

导游技巧是导游服务的三要素之一，高超的导游技巧有助于导游员服务质量的提高，也是导游员必备的能力之一。[2]

---

[1] 李娌．导游服务案例详解[M].北京：旅游教育出版社，2014.

[2] 本节案例引自：张明清，窦志萍．导游服务案例集选——技巧与提高[M].昆明：云南大学出版社，2007.

一、导游语言的魅力的服务案例

一天，北京的导游员小陈带一个外国旅游团去游览八达岭长城。小陈是一个具有幽默感的导游，在导游讲解或回答问题时他常使用幽默的语言，引得大家阵阵发笑，因此他与游客的关系很融洽。当有人问及路旁一个陌生建筑的设计者时，他说："小时候我会说是当工程师的父亲设计的，现在我却绝不能说是秦始皇设计的，最好问一下修建它的建筑公司就知道了。"当有人请他唱歌时，他说："上次我为一个旅游团唱了首歌，发现一位游客激动得直流泪，一问才知道他是位音乐评论家，因此今天我唱歌时不希望有音乐评论家在场。"当有人问到北京的人口时，他很认真地说："北京现有人口是两千一百万……不……更精确地说是两千一百万零二十一人（包括该团游客数）。"当时，一些反应快的游客笑了起来。他接着又讲："因为大家的到来，增加了北京的人口，正因为北京人的好客，人口才会如此之多。"随之而来的又是一片笑声。游客们的笑声活跃了车内的气氛，也拉近了他们与小陈的感情距离。

从长城回来的路上遇到了交通堵塞，为了给困乏的游客增加乐趣，小陈说："前面的司机和交警可能在开会研究交通问题，时间很长，因此我给大家讲个故事解闷，希望你们热烈鼓掌，这样即使是故事不好听，掌声也能把打瞌睡的人叫醒。"他的话音刚落，大家又笑了起来。

由于小陈的热情服务和幽默讲解，那天游客们非常愉快。

服务提示：

导游语言是一门艺术，也是导游工作的基本功之一。正确、合理地使用导游语言可以提高导游的个人魅力，增进与游客之间的感情，消除游客在旅途中的疲劳感，多一分旅游乐趣。幽默、生动的导游语言可以创造出和谐、轻松的旅游气氛，将经典的旅游景点描述得更加令人向往，一草一木都可以描绘得栩栩如生，给游客留下深刻、美好的回忆，这样的语言表达总比呆板地叙述景区要好得多。不过在导游语言表述中要注意以下三点：

（1）幽默的语言技巧不是什么场合都一定适用，有些危险区域需提醒游客注意，有的游客扰乱秩序需要及时制止，在这些情况下，导游不能一味地使用幽默语言，要注意分析语境。

（2）在运用幽默语言技巧前，导游要善于辨别游客的理解程度和语言文化习惯。一些老年团组不喜欢太多额外的叙述，喜欢原汁原味描绘景区。有的团组外国人居多，不能充分理解幽默语言，东西方文化有差距，老外不认为是幽默，弄得一头雾水，这样很难取得良好的沟通效果。

（3）要把握幽默语的数量，只能锦上添花，不宜太多。在语言表达中，幽默、诙谐的语言可以调节气氛、缓解压力，但是有些语言使用过多会产生媚俗气息或是不合时宜，不要滥用。

二、提高导游服务技能途径的服务案例

某年8月的一天晚上，上海的导游员唐小姐在车站接到了一个由苏州来的旅游团。她把游客送到静安区希尔顿酒店后，就让司机回家了。但游客们突然告诉她大家还没有吃晚饭，请她安排一下。唐小姐听后很吃惊，因为按计划安排，游客应该在苏州吃晚饭，她只需接到游客后把他们送到饭店，当天的任务就算完成了。唐小姐因为没有思想准备，也没带旅行社的用餐结算单，又把司机放回家了，所以有些手足无措。那时已经是晚上8点钟了，游客们显得情绪很低落。她连忙和旅行社联系，叫出租车把游客们送到一家餐馆用餐，并向大家解释，这种失误是由于苏州旅行社与上海旅行社交接不清楚所造成的。由于导游的努力补救，游客们终于用了餐，并对唐小姐的工作表示满意和感谢。

此事对唐小姐的触动不小，回家后她立即在工作日志上写道：第一，接团前应有充分的准备；第二，注意团队到达时间是否与就餐时间冲突；第三，接待中随时都要带齐餐单与票据；第四，到达饭店将游客安排妥当后，再让司机回家。

服务提示：

导游工作表面上看着轻松，可以带领游客游山玩水，不怎么紧张。其实不然，要想把导游工作做好，必须费点心思，周密谋划，做到前后行程无缝衔接，布局合理。这样需要导游自身具备较强的责任心，作风细致，知识水平高，知识涉猎面广。一旦旅程的环节步骤出了问题，或多或少都会给旅游行程造成损失。好的导游应该具备思前想后、未雨绸缪的能力。在收到接待任务后，认真做好充分准备，如果行程中发现问题，凭借工作经验和工作方法立即补救，确保行程顺利。导游员无论有无工作经验，都不能对游客敷衍搪塞，每次旅行都应十分慎重，密切关注每位游客，保持高度的警惕性，掌控旅行全程不出纰漏。

之前的案例分析中可以看出，唐小姐的工作态度十分认真，在发现接待准备中存在不妥之处后，及时总结，在今后的工作中做好布置，将游客就餐时间、车队到达时间和携带票据等细节统筹起来，积累工作经验。所以，认真的态度和及时的总结很有必要，认真准备是为了提高旅行的预见能力，防患于未然，及时总结则是对问题查漏补缺，积累工作经历中的点滴细节，有则改之，无则加勉。

三、中途接团如何与游客相处的服务案例

一天，北京的导游员梁小姐刚到办公室就被科长分派去替代一个生病的导游员带团。她问清发车饭店后就赶去与游客会合。没想到游客一见到她就纷纷指责她来晚了，说她不如以前的导游好。梁小姐听后觉得非常委屈，心想，接这种半

截子团真倒霉，真该给科长打电话换其他人接待。但从职业要求的角度出发，她还是强忍火气，微笑着向大家说明了情况，并保证把耽误的时间弥补回来。

出发后，梁小姐在车上为游客介绍北京的风土人情，并请大家提出问题，但没有得到游客的配合。有的看着窗外，有的冷眼看着她，还有人干脆闭眼打起了瞌睡。梁小姐知道，大家还在为刚才耽误出发时间而生气，心想，这些游客来北京旅游的确不容易，又赶上导游生病耽误了游览的时间，如果自己是他们中的一员，也难免产生不满情绪。想到这里，她的心情平静了许多，便不厌其烦地继续向宾客们讲解北京的景点和文化。随着她的讲解，车内的气氛渐渐活跃起来了。游客们开始竞相提问，对梁小姐也越来越热情了。在参观八达岭长城时，几位游客一定要与她合影，并代表所有的人就早上发生的事情向她道歉。

在返回的途中，游客们纷纷向梁小姐表示感谢，并希望她继续当他们的导游。望着游客们一张张满意的笑脸，梁小姐再也不为早上所受的委屈而难过了。

服务提示：

导游工作需要与人密切接触，由于涉及生活起居、时间安排等很多细节，难免在受理行程中被游客误解，甚至发生口角。这种情况下，导游不能固执己见，切记偏激、急躁，要将心态放平和，认真弄清楚游客不满意的理由，再反思自己以往工作的疏漏，通过不断努力，尽量消除与游客之间的误会。反之，如果导游不能掌控情绪，与游客发生口角或肢体冲突，后果不堪设想。如果游客的不满意是接待方案不完善或是考虑不全面造成的，导游一定要耐心安抚、解释，态度端正，尽量采取积极有效的措施加以改善和补救。让游客在心理上获得安慰，态度上逐渐平缓，达成双方理解的共识。如果误解是游客造成的，接待方没有明显过错，这时候导游也要冷静对待，将原则和利益分配解释清楚，获得绝大多数游客的支持和理解，逐渐做通游客的思想工作。

在以上案例中，梁小姐虽然被游客误解，但她很成熟、理智地分析游客问题，站在对方的角度上想问题，心态平和，最终获得大多数人的认可，自己的委屈也迎刃而解。所以，能够冷静、从容、细致、将心比心地看待游客提出的矛盾问题，是一个优秀导游员必备的素质。

四、向游客学习的服务案例

某年夏天，导游员林先生接待了一个美国旅游团。那些游客很随和，经常和他开玩笑。为了使气氛更加和谐，他也常用一些美国的俚语作为回应。当遇到交通堵塞需要改道时，他便用“abort-cut”一种“抄近路”的说法；当路过麦当劳餐厅游客们指手画脚时，他便风趣地说，美国人喜欢吃“junk-food”（“垃圾食品”）；当他想表示领队的权威地位时就说“wear the pants”（“一家之主”）……游客们经常被林先生的妙语逗得哈哈大笑，并不时和他交流一些美国的俚语和方言，旅游的气氛非常热烈、友好。

不久，林先生又接待了一个澳大利亚旅游团。他试着用一些上次使用过的俚语，但游客们却不以为然。一位好心的游客告诉他，美国俚语和澳大利亚俚语不一样，如有些美国人把睡觉说成“hit the hay”，而澳大利亚人则用“hit the sack”。林先生听后连忙向游客表示感谢。通过接待此团，他又学到了不少东西。

服务提示：

导游恰当、准确地进行导游讲解，再搭配幽默、风趣的语言风格，能够使外国游客更好地游览异国文化风光。导游员可以在语言表达上引入文化特色，用丰富的故事讲解、生动的民俗俚语说笑和猜谜活动、中文互动参与等获得讲解的最佳效果，使用国外文化方言和口语能拉近与外国游客的距离。当然，不同国家的文化存在差异性，有的国家游客不能充分理解俚语或方言，就切忌使用，只有符合游客品味的语言才能达到良好的讲解效果。

第三节 突发事件的处理服务案例分析

一、交通事故的案例分析

旅游者孙某等人乘坐旅游车前往石林参加“石林一日游”，途中旅游车发生交通事故，使孙某等人不同程度受伤。经交警调解，“石林一日游”旅游车所属单位对孙某等人做了赔偿。事后，孙某等人向质检所投诉所乘车上担任导游的是一位佩戴某社导游证的导游员，认为此次旅游应视为某社组织的旅游活动，所以该社也应承担赔偿责任。经查，该旅游团的组织者为非法经营者，导游员为非法经营者临时雇用，其所属旅行社并不知情。

服务提示：

（1）导游员的惩处规定。根据《导游人员管理条例》，质检所可以依法对未经旅行社委派的导游私人活动进行责令惩处，罚款没收非法所得，责令整改到位。

（2）非法经营者的惩处规定。根据《旅行社管理条例》，质检所可以依法对未经旅游行政管理部门批准营业的非法经营者，没收违法所得，责令停止非法经营。

二、旅游意外事故责任的案例分析

王先生参加某旅行社的旅游团，在正常行程中不慎滑倒，扭伤了脚，无法继续游览，只好退出旅游团队。组团社根据有关规定，一是退回王先生尚未消费的团费；二是协助其向保险公司索赔医疗费用。但王先生认为旅行社除应退回其未消费的团费和保险公司赔偿理赔金外，旅行社还应赔偿其医疗期间的误工费、营养费。

服务提示：

根据国家旅游局的有关规定，旅行社在组织团队旅游时，必须为旅游者办理旅游意外保险（此条款已于2001年9月更改为消费者自愿购买）。旅游意外保险的赔偿范围包括旅游者在旅游期间发生意外事故而引起的赔偿，如人身伤害、伤亡、急性病死亡；受伤和急性疾病治疗支出的医疗费等。根据《国内旅游报名须知》的有关规定，该案例中旅行社的处理是恰当的。王先生扭伤脚是意外事故，并非旅行社的责任所造成，故游客治疗支出的医药费用应按旅游意外保险赔偿规定予以赔偿，旅行社对本事故不负有赔偿责任。

三、防止游客的物品被盗的案例分析

导游员张小姐带一个旅游团去西山游览，她正在景点给游客讲解时，忽然看见有四五个形迹可疑的人围住了一名游客，那游客正靠在栏杆上，面对景点的方向拍照，没有发觉这几个人。张小姐立刻感到这几个人可能有问题，于是以导游的口吻，用手指着那位拍照的游客的方向说："请大家往那边看，在那里，可以拍全景。"全团游客的视线一下子都集中到那个游客的方向，那位游客以为她要讲解什么也转过了身来。这时游客背的旅游包已被那几个人拉开了拉链，游客自己也发现了。那几个人一看事情败露，迅速抽身逃离。由于旅游团中的游客年龄较大，腿脚不大灵便，周围又没有年轻力壮的游人，所以张小姐并没有叫人，而是叮嘱游客注意自己的贵重物品和钱财，并请那位游客仔细检查一下自己的包有没有丢失东西，然后找到公园的保卫人员，向他们反映了情况。张小姐灵活机智，防止了游客的物品被盗。

服务提示：

在引导游客过程中，导游员一定要提醒游客注意人身、财产安全。对不同的游客采取不同的讲解方法。比如国外游客，远程而来，不了解中国形势，不能一上来就说明危险，引起恐慌。应该告诉外国游客，中国旅游是安全的，一般情况下不会有什么问题。但是社会上也有一些小偷小摸，在旅游景点偶尔会遇到，需要看管好个人财物、护照等重要物品。导游员在引导过程中，需要密切关注景点周围，一旦发现可疑人员行迹，及时提醒，还应及时制止偷窃行为。如果不注意，有的游客财物丢失了，这时候导游要贴心安慰，让他平静下来，不影响其他行程，还应积极报案调查，有查找结果后第一时间告知游客。在处理丢窃问题时，还应注意细节，顾全大局，不能让单一的事务影响到整个团组出行，其他的游客的游览计划还应该顺利实施，不能顾此失彼。

四、突发性自然灾害处理的案例分析

国内某旅行社组织一个20多人的旅游团前往泰国普吉岛度假，游客随导游前往普吉岛游玩，大约在当地时间上午10点到达目的地。游客上岸后，海水随即上涨，大家起初误以为是涨潮，因而并不在意。导游员发现海水涨势凶猛后，提醒大家迅速跑向岸边的酒店避险。等到众人跑进酒店大堂，海水已经涨到酒店门口。酒店共有三层，汹涌而至的巨浪一直淹到了二层楼，大家只能困守楼顶，好在海水并未继续上涨。海啸发生后，导游员即与国内旅行社取得联系，国内旅行社立即通过中国外交部请求紧急救援。同时，当地交通部门全力抢救伤员，这个旅游团被安全转移。

服务提示：

（1）导游员或领队带领旅游团观光游览，因游览地多在风景名胜区、地质地貌特色区，自然灾害很难避免，若遇到地震、海啸、火山爆发等自然灾害，导游员或领队首先要镇定，根据经验和常识对先期出现的迹象做出判断及相应的反应，第一时间把游客转移到安全的地方。

（2）立即与组团旅游公司取得联系，报告团队情况，请求帮助和救援，如果是出国团队，还要及时与大使馆联系，以获得帮助。

（3）团队中游客出现慌乱情况时，要稳定游客情绪，在做好解释工作的同时，对游客多加鼓励，在团队中形成一股合力，克服自然灾害带来的困难。

（4）游客被安全转移或安全回到目的地后，要做好善后赔偿与安抚工作。

第四节　接待不同客源地及特殊团队游客的服务案例探究

在旅游活动中，游客来自五湖四海，由于国别不同、民族不同、社会制度不同、文化背景不同等，游客的思想意识、生活习惯、心理特征以及兴趣爱好均有差异，进行导游工作时，导游员应努力去了解不同游客的特点等，有针对性地开展工作。旅游者的组成是复杂的，导游员在实际工作中，要能面对不同游客，特别是一些特殊的游客做好接待工作，树立自己“民间大使”的形象。

一、接待美国旅游团的案例分析

导游员庄小姐在机场接到了一个二十多人的美国旅游团，团内的游客大多是退了休的老年人。旅游团的领队是一位三十多岁的女士，一见庄小姐的面，就主动打招呼，为游客办理手续和服务时也显得热情、勤快。从机场到饭店的路上，

那些游客显得很随和，对庄小姐的沿途讲解听得也很认真。到了饭店，庄小姐与领队讨论了在京的活动日程。领队要求将活动的节奏放慢一些，要让游客们在休闲和愉快的气氛中旅游。

第二天约定好早上 8 时 30 分从饭店出发，但那些讲究休闲的游客，足足拖延了 15 分钟才全部到齐。在去长城的途中，庄小姐照例介绍了当天的天气状况、沿途的建筑和风景，还教大家学了几句常用的中文。游客们现学现卖，车内不时响起洋味的“早上好”“谢谢”和“对不起”的话音。游客们还经常提出一些问题，询问当地市民的生活。游客对沿途的景象也感到十分好奇，看到众多的自行车和公交车时，有人也要拍张照，看到美国快餐馆时也会发出一片惊喜之声。针对大家的提问，庄小姐给予耐心解答，有时还使用一两句美国俚语，大家的情绪十分高涨。

在接待中庄小姐发现，那些美国游客比较喜欢休闲、娱乐形式的活动，消费水平也比较高。在商店购物时，有些人买了高档的旅游纪念品。游览过于劳累时，有人会放弃集体吃晚饭的权利回房间休息。每次吃晚饭前，他们也总是要求先回房间休息，再从饭店出发去用餐。针对游客的这些特点，她与领队商量后，改变了一下旅游路线，尽量选择一些路线短的线路，途中还给游客留出休息时间。回饭店的次数也尽量安排得多一些，活动则增加了胡同游、逛夜市和琉璃厂购物等。这样，游客们体验到了北京的文化生活和丰富的旅游内容，因此非常满意。

服务提示：

由于美国赴华旅游的人数较多，为其提供优质的服务就是导游员的首要任务。在为其提供服务之前，导游员需要了解美国的一些知识，如美国游客的性格与传统的欧洲游客不同，他们更注重个人感受，对于跨文化交流的接受度较高且极其看重个体人格。

我国闻名世界的古迹，如长城、兵马俑等受到美国游客的喜爱，同时，他们对我国的风俗民情也表现出浓厚的兴趣。

二、接待德国旅游团的案例分析

导游员雷先生接待了一个由二十几人组成的德国旅游团。该团的游客大都是四五十岁的中年人，游客们对中国的传统文化兴趣浓厚。为带给德国游客一场难忘的旅行，在活动正式开始前，雷先生就与德国游客团队的领队商量并讨论了相关的活动安排，最终确定了旅程的相关事宜。

德国游客十分注重守时。第二天，在出发之前，所有的游客都在大厅准时集合，在游览过程中，无人掉队或者耽误时间。由于德国游客的配合，雷先生的接待工作开展得很顺利。

在带领游客游览的过程中，雷先生发现德国游客重视礼仪，对事认真严谨但不呆板。游客们对于雷先生的工作十分配合，在雷先生讲解时会时不时报以热烈的掌声，这也在一定程度上促使雷先生为游客们服务的热情空前高涨。游览结束之后，雷先生组织游客们在车内表演节目，车内气氛十分活跃、轻松。

当游览活动进行到参观兵马俑这个环节时，德国游客们被兵马俑所展现出来的高超技术以及宏大气势深深吸引。游客们不仅拍照留念，观看相关内容的电影，还争先购买景点的纪念品。继而，当游客们参观华清池时，一位对中国历史颇有研究的德国教授想要购买一幅《清明上河图》的仿真画，并且表示想要了解此画的作者，最终在雷先生的帮助下，这位游客以450美元买到了心仪的纪念品。

一天的旅行活动结束之后，游客们虽然感到有些疲惫，但对雷先生的接待工作纷纷给出好评并表达谢意。

服务提示：

在接待德国游客时，导游需要了解德国的一些小知识。譬如，首先，德国民众的生活水平较高，这为他们时常出国旅行提供了一定的物质支持，因此，德国游客是我国旅游业在欧洲市场的重要客源之一。其次，德国被称为“诗人和哲人的国度”，其民众的文化水平一般较高。德国游客受到本国古典文化的洗礼，对外旅游也比较偏爱古典的建筑，对景点的基础建设质量要求较高。

三、接待日本旅游团的案例分析

导游员祝先生在机场接到了一个30人的日本旅游团。在饭店与随员商讨旅游计划时，随员要求每天尽可能多地安排项目，恨不能一天就把北京看完！经过商定，第一天下午游览天坛、天安门广场、北海公园；第二天游览长城、定陵、颐和园，然后购物，晚上吃风味宴后看节目；第三天上午参观故宫、雍和宫，下午去西安。由于活动多，时间紧，祝先生要求大家在游览过程中，一定要遵守时间，听从安排。游客们果然很守纪律，每天早上7点就从饭店出发，晚上9点多钟才返回饭店。活动过程中他们井然有序，从不单独离开团队。对待祝先生也非常有礼貌，提问时总是欠身示意，对祝先生给他们的帮助表示感谢时也总鞠躬致礼。[1]

由于比较了解日本人的特性，祝先生很快就得到了大家的信任，与游客们融合在一起。针对多数人的要求和爱好，他在接待中采取相应的服务：对喜爱中国旅游商品的游客，他就帮助他们选购书法和绘画作品、文房四宝和其他各种工艺品；对茶文化和酒文化感兴趣的游客，则投其所好，经常和他们共饮。两天的时间很快就过去了，在道别时，游客们纷纷对祝先生的服务鞠躬致谢，流露出依依

[1] 程新造．导游接待案例选析[M].北京：旅游教育出版社，2013.

不舍之情。游客们讲礼貌、守纪律、不辞辛苦的行为和友好的态度，也给祝先生留下了深刻的印象。

服务提示：

日本作为我国的邻国，也是我国国际旅游市场中的关键组成部分。在古代时期，日本受到中国传统文化的影响，在习俗、习惯以及礼仪等方面与我国颇为相似。

在旅游喜好方面，日本游客偏好我国传统文物以及风俗等方面。

在接待日本游客时，导游员应该做到投其所好，借助接待前对游客的了解，为其提供舒适的服务。但也要注意有的放矢，待客方式因人而异，譬如，日本有些游客为人随和，很喜欢与导游交谈，而有些游客却因为性格的问题，无法接受导游过于热情的服务。

四、接待俄罗斯旅游团的案例分析

北京一吴姓导游于某年 9 月接待了一个二十几人的俄罗斯旅游团，旅行计划为期 7 天。吴先生按例在旅行活动开展之前与领队商量旅行的相关事宜，领队表示一切按照吴先生的安排进行就好。

在游览活动进行的第一天，吴先生发现游客们对他的讲解反应平平，甚至流露出淡漠的表情，对吴先生主动提及俄罗斯的国内情况表现出抵触情绪。于是，吴先生在接下来的解说中另辟蹊径，在介绍我国文化名胜的同时，提及一些俄罗斯的著名人物，并且对俄罗斯的建筑、艺术等不吝赞赏。正是由于吴先生对俄罗斯文化的认同，俄罗斯游客逐渐开始配合吴先生的工作，团队的气氛也逐渐热络、轻松起来。

随着旅行活动的深入开展，俄罗斯游客逐步释放他们的真实性情，不仅主动和吴先生谈及本国的情况以及各自的家庭，同时对中国民众的生活日常表现出极大的好奇心。吴先生向其详细介绍了中国的发展历程。在整个旅行过程中，吴先生陪伴着这些游客们，他们也慢慢建立起深厚的友谊。

在旅行结束后，游客们的行李众多，吴先生将其妥善安置，并将游客们安全、及时地送进候车室。

服务提示：

随着我国综合国力逐渐增强，对外开放的力度也逐渐加大，由此，俄罗斯也成了我国旅游业发展的潜在市场之一。那么，我国导游需要对俄罗斯游客的特点有一定了解，如性情豪迈、尊重女性等。

在旅行喜好方面，俄罗斯游客很喜欢亲自体验中国传统文化，同时，俄罗斯民族是一个拥有至高文化自信的民族，所以，导游需要尊重其本国文化。导游也必须尽快熟悉游客的性格特点，拉近与游客之间的距离，给其带来优质服务，让其在跨文化的背景下，感受到中国人民的热情好客。

具体要求如下：

（1）导游要做好活跃气氛的工作，拉近与游客的距离。

（2）导游要妥善安置游客的行李。

五、接待韩国旅游团的案例分析

一天，北京的导游员朴先生接待了一个韩国的旅游团。游客们对北京的旅游景点很感兴趣。在参观故宫的时候，他们对这座世界上现存最大的古建筑群表示出极大的兴趣，不时对朴先生提出一些问题，询问明清皇家的历史情况。朴先生便带领他们从故宫的中路到西路、由西路又折回到东路游览，结合各线路上主要建筑，多讲解一些明清宫廷内的历史事件。这样讲来，果然效果很好，大家都觉得故宫的建筑很有特色。针对游客的特点，朴先生在讲解中还注意应用重复的方法，即每到一个景点之前，先概括一下要点，然后边讲边游，参观后上车再讲一次要点。这样既突出了景点的要点，又加深了游客的印象。在游客参观王府井时，朴先生还采用对比的方法，以首尔最著名的商业街明东大街比照王府井大街，使大家对王府井的繁华和热闹产生早已熟悉的感觉。

除了在游览中注意讲解方法外，朴先生也充分考虑到游客的特点和需要。他知道，韩国游客很重礼貌，讲究卫生，便在他们用餐之前叮嘱服务员格外小心，注意服务的程序和礼节，并时常询问游客对餐饮和住宿的意见，并按照游客提出的意见和要求，不断改进服务工作，受到了大家的一致好评。

服务提示：

据调查可知，韩国游客与我国朝鲜族人民在生活习惯方面有很多相似之处。譬如，尊敬长辈，讲究文明礼仪。

韩国游客的旅游喜好调查报告显示，韩国游客对我国的风景名胜很是欣赏，对我国的宫殿建筑艺术更是十分感兴趣。

在与韩国游客交谈时，导游应尊重游客本国的习俗，谈话应围绕游客本身开展，而不应涉及政治层面以及家庭问题等内容。

具体有以下两方面的要求：

（1）导游在带领游客游览时，要秉承认真负责的工作态度，为游客提供优质服务。

（2）导游应提前做好功课，在与韩国游客的交往中，尊重他们的生活习惯，做到以礼相待。在双方交谈当中，应照顾韩国游客的民族自尊心，对国家关系等敏感话题应回避不提。

六、接待残疾人旅游团的案例分析

导游员孙先生接待了一个 17 人的美国残疾人旅游团。此前听说是每个残疾人都有一位亲属照顾。但到机场见面后才知道，8 位残疾人，只有两位能用双拐站立走几步，其他都是高位截瘫，随行的几位亲属只能在宾馆房间内照顾一下，出了宾馆基本上就帮不上什么忙了，搬搬抬抬全靠孙先生和两个全陪及司机 4 人。其中最重的一位高位截瘫者体重近 300 磅，只有双臂可以动，腿和脚都需导游员给摆好。由于中型旅游车的门太窄，无法抬他上去，司机只好拆去车扶手。每次抬他上下车都要用半个多小时，把他们累得气喘吁吁、汗流浃背。其中几位残疾人胸部以下无知觉，常小便失禁，可又得贴身去抬他们。为了使这个团的旅游和生活能够得到保证，旅行社特为这个团多派了一个行李员当全陪。上车后其他服务人员可以坐下来休息，只有孙先生还要站着讲解导游，这样一天下来，累得他饭都吃不下去。在旅游景点还要更加耐心、细致，慢慢地为游客讲解。由于孙先生他们的热情服务，这些游客非常满意。旅游结束后，坐在轮椅上的游客紧紧握住他的手，久久不放。孙先生听到他们发自内心的感谢话语，也感到非常满足。

服务提示：

在同等的报酬之下，导游接待残疾人旅行团需要比接待普通旅行团付出更多的精力，同时，这也是对导游的工作态度以及责任心的考验。对于身有残疾的外国游客来说，在旅行中陪伴他们的导游是这次旅行活动得以顺利进行的核心人物。那么，这就要求导游在接待国外残疾人游客时，能够做到设身处地去为这些特殊的游客悉心服务。与此同时，导游在这场跨文化的交流中，发挥专业技能水平，使得国外旅客在游览中获得身心愉悦的体验。

参 考 文 献

[1] 曹景洲 . 海外旅游领队业务 [M]. 北京：中国旅游出版社，2011.

[2] 陈波，朱德勇 . 导游语言技巧 [M]. 北京：旅游教育出版社，2017.

[3] 陈永发 . 导游服务规范与技能 [M]. 北京：东方出版中心，2010.

[4] 程新造 . 导游接待案例选析 [M]. 北京：旅游教育出版社，2013.

[5] 范黎光 . 导游业务 [M]. 北京：机械工业出版社，2003.

[6] 付钢业 . 导游入门到提高 [M]. 广州：广东旅游出版社，2003.

[7] 黄玮 . 略论导游语言艺术与技巧 [J]. 浙江树人大学学报，2004（03）: 75-77.

[8] 蒋炳辉 . 导游带团艺术 [M]. 北京：中国旅游出版社，2002.

[9] 蒋炳辉 . 旅游案例分析与启示录 [M]. 北京：中国旅游出版社，2003.

[10] 李娌 . 导游服务案例详解 [M]. 北京：旅游教育出版社，2014.

[11] 李林 . 浅谈导游交际语言风格养成训练 [J]. 现代交际，2011（04）: 79-80.

[12] 刘国强 . 导游服务质量评价体系构建与实证研究 [J]. 中北大学学报（社会科学版），2017，33（02）: 63-67.

[13] 刘一格，阮冬梅 . 网约导游服务模式现状及服务创新发展对策的研究 [J]. 旅游纵览（下半月），2018（08）: 40-41.

[14] 牛延超，范保宁 . 导游理论与实务 [M]. 北京：中国旅游出版社，2007.

[15] 蒲阳 . 导游业务 [M]. 北京：机械工业出版社，2009.

[16] 申丽霞 . 导游带团中让游客建立信任“五要素”分析 [J]. 旅游纵览（下半月),2013（09）: 44.

[17] 石强 . 旅游概论 [M]. 北京：机械工业出版社，2009.

[18] 唐由庆 . 导游服务艺术 [M]. 上海：格致出版社，上海人民出版社，2012.

[19] 唐由庆 . 景区导游 [M]. 北京：高等教育出版社，2006.

[20] 陶汉军，黄松山 . 导游服务学概论 [M]. 北京：中国旅游出版社，2003.

[21] 陶汉军 . 导游服务典型案例与解析 [M]. 北京：旅游教育出版社，2013.

[22] 王建民 . 出境旅游领队实务 [M]. 北京：旅游教育出版社，2007.

[23] 王健民 . 一本书搞定出境旅游 [M]. 北京：旅游教育出版社，2006.

[24] 王连义 . 导游技巧与艺术 [M]. 北京：旅游教育出版社，2003.

[25] 王新军 . 领队业务 [M]. 北京：旅游教育出版社，2001.

[26] 王有路 . 导游艺术 [M]. 广州：广东旅游出版社，2004.

[27] 吴子钟 . 全陪导游带团中多种关系处理技巧 [J]. 宜春学院学报，2012，34（05）: 39-41+55.

[28] 熊剑平. 导游业务 [M]. 武汉：武汉大学出版社，2008.

[29] 徐云松. 旅行社服务案例分析 [M]. 北京：高等教育出版社，2010.

[30] 严庆正. 导游带团的心理技巧 [J]. 旅游纵览（下半月），2016（08）: 18.

[31] 杨连学. 导游服务实训教程 [M]. 北京：旅游教育出版社，2010.

[32] 杨培玉. 导游技能 [M]. 天津：南开大学出版社，2005.

[33] 叶骁军. 导游服务实务教程 [M]. 天津：南开大学出版社，2015.

[34] 张惠芬. 导游业务 [M]. 北京：中国财政经济出版社，2007.

[35] 张明清，窦志萍. 导游服务案例集选——技巧与提高 [M]. 昆明：云南大学出版社，2007.

[36] 赵湘军. 导游学原理与实践 [M]. 长沙：湖南人民出版社，2003.

[37] 赵湘军. 导游语言技巧与实践 [M]. 长沙：湖南师范大学出版社，2002.

[38] 郑蓓媛，徐娟秀 . 互联网新形势下我国“网约”导游新模式探索 [J]. 现代商贸工业，2019，40（04）: 62-63.

[39] 重庆市旅游局. 导游业务 [M]. 北京：中国旅游出版社，2011.

[40] 曾毅平. 态势语在言语交际中的辅助作用 [J]. 语文建设，1991（10）: 12-15.